歴史文化ライブラリー
473

書物と権力
中世文化の政治学

前田雅之

吉川弘文館

目　次

一条兼良『源語秘訣』の変遷

書物というもの——プロローグ

何のために読むのか

「書物」、こんなしかめつらしい武張った言い方をやめて、「本」でも「書籍」でも「book」でも、要するに呼称は何でもよいのだが（ここでは、本書のタイトルになっている「書物」の呼称にやむなく固定するけれども）、書物と聞いて、現代人が最初に連想するものは何だろうか。書物をよく買う人に「積《つ》ん読《どく》」（積んでおく、まだ読んでいない書物のこと）という習慣があることは承知しながらも、書物とは何よりも読むものであろう。そこから、書物とは書店で購入するもの、あるいは図書館や知人・友人から借りるもの、さらには誰かからプレゼントされるものということになるはずだ。

それでは、書物は何のために読むのだろうか。どのようなきっかけがあるにせよ、現代人が書物を読むのは、おおむね実用と趣味・娯楽（暇つぶしを含む）のためとなるだろう。最初に、実用の読書とはさまざまな教科書やノウハウ本を主として指すとしてよいだろう。つまり、読まないと自分がさまざまな状況において困ることになるので、やむなく読む、否、読まずに済ますわけにはいかないといった類いの読書である。よって、この手の読書は、読者に快楽をほとんどもたらさないこととなる。

とりわけ、学校の教科書の場合は半ば以上義務化あるいは強制的環境下でなされる読書となる場合も多い。とはいうものの、試験・テストという逃れられない関門が控えており、自分の学校内における評価・ランク（人間的評価といってもよい、多くは人生の動向をも左右する）がこれで決まってしまうので、まじめな児童・生徒・学生は何度も繰り返し読むこととなる（教科書を七回読んで東京大学法学部を首席で卒業した女性が一時期話題になったこともある）。結果として存外記憶に残ってしまうこともある。小学校時代の国語の教科書を細かい台詞《せりふ》に至るまで記憶しているのは、義務化の成功例といってよいだろう。反面時折、なんでこんなことまで覚えているのだと不思議な苛立《いらだ》ちを感じる時がないわけでもない。

他方、趣味・娯楽の読書の方は、小説・エンタメの類いを読者の好き勝手に任せて読むといったものになるだろう。いってみれば、純粋な楽しみの読書である。とはいえ、捕物《とりもの》帖《ちょう》とイギリスの新聞 *Times* しか読まないと広言していた吉田茂にとって、捕物帖を読むこととは、日米関係や政局などで日々悩まされていただろうから、こうした苦悩を数時間でも忘却することができる、便利な道具でもあった。かつて多くのサラリーマンが通勤時に何気なく実践していた電車内読書も、吉田ほど深刻ではないかもしれないが、退屈しのぎのみならず満員電車がもたらす閉塞感からの解放のためにはもってこいの手段であった。現在、それがスマートフォンのゲーム・動画・SNSに変わってしまった（稀に電子書籍を読んでいる人もいるけれども）。とはいえ、電車内で小説を夢中で読んでいて、思わず降りる駅を降りそびれてしまったりした経験がある人は、趣味・娯楽としての読書も時に我を忘れるレベルにまで達することを自ずと諒解しているに違いない。しかも、降りそびれてもそれほど腹が立たないのは、読書がもたらす至福感ゆえであろう。

教養のための読書

しかし、現代人がほぼ忘れている読書のあり方が明治末期から一九八〇年代くらいまでたしかに存在した。それは教養を身につけるための読書である。試験に出るからでもなく、単なる趣味・娯楽でもない、自分の中身を高めるための読書である。

実際には当時にあっても本当にちゃんと読んで理解した人がいたのだろうかと疑われる、西田幾多郎《きたろう》『善の研究』（一九一一年）、阿部次郎『三太郎の日記』（一九一四年）、カント

『純粋理性批判』（一等古いのは、清野《きよの》勉《つとむ》著『韓図純理批判解説・標注』一八九六年。戦前を代表する天野貞祐《ていゆう》訳は一九二〇年）といった哲学書から、一九～二〇世紀のヨーロッパを代表する文学作品（ドストエフスキー、カフカ、ジョイス、トーマス・マンなどなど）がそこに入ってくるだろう。たとえば、私の高校時代の英語教師（旧制山口高等商業出身、現山口大学経済学部）は、「君たちのようにワーズワースも読まない人間を僕は教えているのだよ」と時折毒づいていたが、帝大や官立大出身に較べて旧制高等商業卒という中途半端なインテリである彼にとっては、ワーズワースこそが自己の教養を示す規範だったに違いない。別の言い方をすれば、かの教師も精一杯の背伸びをしていたということである。

　ここで、例としてドストエフスキーの小説を出してみたい。ドストエフスキーの作品はおおむね長編であるけれども読んでみると、少なくとも私にはどれもすこぶる面白い。そして、読み始めると登場人物が一〇頁以上蜿蜒《えんえん》と話すのも、『罪と罰』の主人公ラスコーリニコフの呼び名が時折愛称であるロージャに変わるのもさして気にならなくなり、読み耽《ふけ》ってしまう（内田魯庵《ろあん》が一八九二年に英訳から訳した時は探偵小説であったらしい）。

　だが、小林秀雄が論じ出した（『ドストエフスキーの生活』一九三五年～）あたりから、ドストエフスキーを読むことは快楽としての読書だけではいけなくなった。そこから哲学的あるいは人生論的または宗教的問題（存在の意味・苦悩・罪・愛・救済など）、すなわち、実用・娯楽とは無関係の「教養」を汲み取り、それを己がものとするようにしないと駄目になったのである。このことは、将来行う可能性がほんの少しでもある恋愛なるものの予想問題的役割を担っていた恋愛小説とて同様であった。世界の名作（たとえば、共に不倫ものだがスタンダール『赤と黒』、トルストイ『アンナ・カレーニナ』）となっていれば、教養書として必ず読んでおかないといけないものなのであった。こうした教養的書物は、読書体験で得られる面白さ、つまり、娯楽的快感を求めてというよりは、読んでおかねば恥をかく世界一級の文学作品として半ば強引に読み終えた人もそれなりに多かったのではあるまいか。簡単にいえば、かの英語教師と同類の背伸びの読書である。この場合、読書がもたらす娯楽的快感は高尚な文学的感興として読み替えられ、自身の中でよき体験として合理化され記憶されていったものと思われる。

さらに、見落としてはならないのは、こうしたいわば不自然な（無理な）読書には、読者の周囲にある人間関係という厄介な問題が深く絡んでいた事実である。この手の教養的書物を読んでおかないと（最低限書名・作者名くらいは知っておかないと）、級友や仲間との会話に入って（ついて）いけなくなり、ついにはもっとも忌むべき無教養な人間とみなされて仲間や交友圏から排除されかねない恐れがあったのである。戦前のインテリ候補の筆頭にいた旧制高校生には、旧制三高中退の織田作之助（一九一三〜四七年、旧制三高に入学したのは三一年）が歎いていたように、学校の教科書しか読まないガリ勉が実は多くいたし、その一方で読んではいるが、『キング』などの大衆雑誌であったという学生もそれなりにいたことが現在わかってきているが（竹内洋『学歴貴族の栄光と挫折』講談社学術文庫、二〇一一年ほか、拙著『保田與重郎―近代・古典・日本―』勉誠出版、二〇一七年）、それでも自己《じこ》陶冶《とうや》や教養のためばかりではなく、交友関係を維持発展させるために無理やりにこの手の背伸びの読書をしていた若者がそれなりにいたことは、本書で次章以降展開される前近代の書物と読書のありようを考えるうえでも一つのヒントを与えてくれるだろう。

教養主義の終焉

だが、この手の読書を支えた教養主義はマルクス主義と同様に、一九九〇年代に入る頃に死滅してしまった。中流以上の家庭から「世界文学全集」がなくなったのとほぼ同時期である。その理由はマルクス主義を含む近代的な「教養」なるものの賞味期限が切れたからであろう。教養主義は、現代消費社会・大衆社会の反知性的動向や言説・現象といった表層的事象だけではなく、中身はともかく容易に人を寄せつけない難解なポストモダニズム（これも二一世紀には没落したが）の前に敗れ去り、マルクス主義はソ連・東欧崩壊で、失敗した思想かつ運動となり終わってしまった。現在、三〇代以下でいわゆる「左翼」はウルトラマイナーである。左翼・教養主義者はほぼ七〇代以上の老人である（今日、単なる反体制主義・エコロジー・反原発・フェミニズムでなんとか生息しているか。だが、もって後一〇年だろう)。

　今日、「教養」というよりも自分が知らない知識(それは、日本とは縁遠いアフリカや中東の歴史・政治など、また、生物学でも対象は何でもよい)を得るために、あるいは、自分の知識量を増やすために読むのは主として新書あるいはインターネットのウィキペディアである。書物に限定すると、新書類は、四〇年以上前にあった「岩波文庫の百冊」を一冊ずつ読むというのとはおよそ異なる読書体験といえる。なぜなら、岩波文庫を読むことには教養の定番を押さえていくというぶれない価値があったが、新書読みにはそのような大それた思いはなく、実用にちょっと毛が生えた程度の知識欲に過ぎないからである。だから、新書の多くは読み捨て本となる。知らない分野の新書を読んでこれで自分も教養がついたと思っている脳天気な人はさすがにもういなくなったのではあるまいか。これも「教養」というものの賞味期限が切れた結果である。

　以上から、近代において、人が書物を読むのは、実用、趣味・娯楽、教養の三点であったと総括することができるだろう。そして、それらの書物は、稀覯本《きこうぼん》として古本屋で高く売られている著名作家の初版本も含めて、書店で購《あがな》えるものであった。つまり、書物とはお金を出せば買える商品なのである。どうしてこのようなことを書いているかといえば、商品としての書物をお金で買えるようになったのは、それほど古いことではないからだ。

出版業が興り、商業出版が始まった江戸期からのことなのである。

たとえば、『源氏物語《げんじものがたり》』の最初の版本（その前に古活字版があるが、これは入手が難しい少部数出版なのでここでは除外しておく）は慶安三（一六五〇）年版本（『絵入源氏』、山本春正編、目案三冊・系図一冊・山路の露一冊・引歌一冊を付す、六〇冊）である。続く承応三（一六五四）年版本は慶安三年版本の再版である。また、『源氏物語』の代表的注釈書というよりは、本文も含めて『源氏物語』を読むことのスタンダードとなった『湖月抄《こげつしよう》』（北村季吟《きぎん》、延宝元〈一六七三〉年刊行、六〇巻六〇冊）は、延宝三年版本が何度も再版（後刷り）されて近代まで読み継がれた。与謝野晶子《よさのあきこ》もこれで読んだとされるが、慶安三年の『絵入源氏』であれ、延宝三年の『湖月抄』であれ、かなり高価ではあっただろうが、お金を出せば買えるようになったのである。それは一七世紀の半ばになって生まれた新しい光景だったのだ。

書物の入手法

それでは、近世以前の時代、すなわち、中世においては、人はどのようにして書物を入手していたのか。本屋がないのであるから、伝手《つて》やコネを駆使してどこかにほしい書物を所有している蔵書家をみつけて直接依頼する、あるいは、蔵書家と自分の間に誰かを介在させて依頼する。そして、蔵書家蔵の書物を借り出して自分で写すか、しかるべき人に頼んで借りて写す（もしくは、写してもらう）、または、蔵書家が納得する値段で購うかのいずれかしかなかったと思われる。逆にいえば、蔵書家とのアクセスを持たない人には永遠に書物は手に入らないということである。要するに、ちょっと興味があるからぐらいで簡単に手に入れられるものではなかったということだ。

室町期の連歌師《れんがし》宗祇《そうぎ》（一四二一～一五〇二）や宗祇の弟子玄清《げんせい》（一四四三～一五二一）は三条西実隆《さんじょうにしさねたか》（一四五五～一五三七）と極めて親しく交流し、実隆筆『源氏物語』などの写本や実隆の『源氏物語』注釈書をほしがる地方武将と実隆との媒介役をしていた。写本の注文から始まり、実隆蔵書の沽却《こきゃく》（売却）の交渉、果ては実隆の借金の心配（借りる先）まで世話していたのである。今風にいえば、実隆専属のフィナンシャルプランナー（FP）でもあったのである。実隆が月次《つきなみ》の和歌・連歌会を催す、あるいは他のそれらに参加する、そうした夜はほぼ宴会となるといった消費的な生活スタイルによって半ば恒常的に金欠状態に陥っていないながらも、なんとか生活の質を維持し、天寿を全うできたのは、実隆の和歌（ならびに連歌・和漢連句）詠作・古典書写といった教養や特技のみならず、宗祇をはじめとする連歌師の助けがあってのことであった。

以上、近世以前では和書なら宗祇ほか連歌師、漢籍なら五山僧《ござんそう》を伝手に持たなければ、地方在住の武将・武士などは、皆がほしがる書物など入手できなかったのである。実隆の存在意義もかかる書物の流通形態によって支えられていたということでもあった。

古典的公共圏

古典の成立

出版以前のこと

出版が行われる前の書物とは、どのようなものとしてあったのだろうか。『国書総目録』によれば、前近代日本で書かれ（書写され）刊行された書物は全部で約五〇万点（世界一の数量である）、その九割方以上は江戸時代の書物だろうと推測されているが、出版以前＝中世までと時代を限定しても多様なジャンルで膨大な量の書物があったと考えられるので、ここでは、当時の知的とされる人間によって古典と認定されたものに絞って書物の意味を考えていくことにしたい。そのためには、日本中世における古典と和歌の問題を最初に述べておかねばならない。

今日、いわゆる「文学」書に限定して、一般常識あるいは一般的イメージとして古典と認定されている書物には、『万葉集《まんようしゅう》』『古今集《こきんしゅう》』『伊勢物語《いせものがたり》』『源氏物語《げんじものがたり》』『枕草子《まくらのそうし》』

『方丈記《ほうじょうき》』『平家物語《へいけものがたり》』『徒然草《つれづれぐさ》』『奥の細道《おくのほそみち》』などなどとなるだろうが、前近代日本、とりわけ、中世においては、『古今集』『伊勢物語』『源氏物語』に加えて、子どもが古典的教養を身につけるための書物である幼学書でもあった『和漢朗詠集《わかんろうえいしゅう》』が正しき古典であった。

近世の古典『枕草子』『徒然草』『方丈記』

　そこで、例に挙げた他の錚々《そうそう》たる書物がどうして古典でないかをみておこう。まず、『枕草子』は、異本の多様さといい、段数の不安定さ（『枕草子』は段数を示すだけではどの話かが特定されない。諸本によって話の排列が異なるためである）といい、極めて扱いにくい作品である。だが、近年、佐々木孝浩によって、三巻本『枕草子』は定家本《ていかぼん》であることが論証された（『日本古典書誌学論』笠間書院、二〇一六年）。周知のように、藤原定家《ていか》《さだいえ》（一一六二〜一二四一）が校訂した『古今集』『伊勢物語』、青表紙本『源氏物語』はその後それぞれの諸本の基幹本文になっている。しかし、三巻本は『枕草子』の基幹本文にはなってはいない。その理由は、定家の努力にもかかわらず、『枕草子』自体が古典とみなされていなかったからではないだろうか。

　むろん、『大鏡《おおかがみ》』『無明草子《むみょうぞうし》』『古今著聞集《ここんちょもんじゅう》』『十訓抄《じっきんしょう》』『正徹物語《しょうてつものがたり》』に『枕草子』は引かれているから、『枕草子』の名は平安末期から室町期にかけてそれなりに知られてはいた。しかし、古典が古典たる証となる注釈書の存在は、加藤磐斎《ばんさい》『清少納言枕草子抄』（延宝二〈一六七四〉年刊、一五巻一五冊）、北村季吟《きぎん》『枕草子春曙抄《しゅんしょしょう》』（延宝二年跋《ばつ》、享保十四〈一七二九〉年版本、枕草子装束抄《しょうぞくしょう》を付す、一三冊）からであり、両書共に近世前期の延宝二年前後に生まれている。ということは、延宝年間までは、言い換えれば中世から近世にかけては、『枕草子』は古典であるとは認定されていなかったという結論が導かれることになるだろう。

次に、『徒然草』は、川平敏文『徒然草の十七世紀』（岩波書店、二〇一五年）が解き明かしたように、一七世紀になってから古典となった書物である。極めて若い古典であり、『枕草子』と併せて、三大随筆と呼ばれる『方丈記』も加藤磐斎『方丈記抄』（延宝二年刊、三巻三冊）が一等早い注釈であり、古典となったのは『枕草子』とほぼ同じ頃であった。そうした中で、『徒然草』は元禄年代にかけて最も人気のある古典となり、川平著書にあるようにかなりの数の注釈書が作られた。新しい古典では最も成功したのが『徒然草』である。その影響力は今日の高校における古文入門で『徒然草』が用いられていることからも諒解されよう（実際には古文入門に『徒然草』は向いていない。理由は大人が読む本だからである）。

『万葉集』が古典となるまで

そして、『万葉集』である。一九七九〜八〇年にかけて、『昭和万葉集』（講談社、二〇巻、別巻一）が編纂・刊行され、入集した人とそうでない人との間で悲喜こもごもの感想が聞かされたものだが、それはともかく、『万葉集』が国民歌集の代表と目されていたからこそ『昭和万葉集』と命名されたのであった。だが、品田悦一『万葉集の発明—国民国家と文化装置としての古典—』（新曜社、二〇〇一年）が明らかにしたように、『万葉集』が国民歌集になったのは、明治になってからのことである。もっとも、国民国家でもなかった前近代日本では、いうまでもなく、国民歌集なるものもないのだが、そうであれば、前近代では『万葉集』とはどのような書物だったか。

中世初期において古典意識を確立した一人である藤原俊成《しゅんぜい》（一一一四〜一二〇四）は、自身の歌論書『古来風体抄《こらいふうていしょう》』の中で『万葉集』を重視したが、それは、『万葉集』を勅撰集であると誤認し、なおかつ、和歌史の中で最も古い和語を用いて詠作しているという点に俊成が注目したからである（院政期の歌学書に、『万葉集』に言及するのが多いのも、和歌に用いる和語の起源としての意味合いが強い）。和歌伝統の中で和歌なるものをはじめて位置づけた俊成にしてみれば、『万葉集』を無視するわけにはいかないのである。だが、勅撰集としてのグレードとしては、『万葉集』は和歌の原理を仮名序《かなじょ》・真名序《まなじょ》で高らかに宣言した『古今集』には遠く及ばなかったのである。

鎌倉期、鎌倉を中心にして活躍した仙覚《せんがく》（一二〇三頃〜没年不詳）は、文永三（一二六六）〜六年にかけて『万葉集注釈』（『仙覚抄』）を完成させた。これは諸本を校合《きょうごう》し、点（訓み）と注釈を施したものである。『万葉集』研究における劃期的《かっきてき》な業績であり、たとえば、東歌《あずまうた》の方言起源説を否定して、当時今でいう科学に近いものの、学んだところで一行の梵文《ぼんぶん》を読むこともできない限界性を抱えていた悉曇学《しったんがく》が主張する「五音相通説《ごいんそうつうせつ》」（カ行にある語はカキクケコと異なっていても同じ意味になること。『仙覚抄』「さけをさかといふこと五音相通なれば、いづれもたがふべからず」など。ここでは「サケ」＝「サカ」、即ち、カ行の「ケ」＝「カ」と捉えているのが五音相通説である）を出して解釈するなど（岡崎真紀子「院政期における歌学と悉曇学―音韻相通説をめぐって―」『和歌文学研究』一〇七、二〇一三年）、当時においてもかなり革新的な主張もみられるけれども、こうした学的営為からも、逆に万葉仮名で記された『万葉集』は読（訓）むことが難しく、近づきがたいものであったことを示してはいないだろうか。

『万葉集』が古典として多くの人たちに仰がれるに至るのは、契沖《けいちゅう》『万葉代匠記《まんようだいしょうき》』（初稿本天和頃、精撰本元禄二〈一六八九〉年、二〇巻総釈一巻）、さらに下って、賀茂真淵《かものまぶち》『万《まん》葉考《ようこう》』（二〇巻別記六巻柿本朝臣人麿歌集之歌一巻二四冊、一七六八〜一八三五年刊）以降となるだろう。いってみれば、仙覚の後、近世の国学者によって古典にされた作品が『万葉集』なのであった。

芸能としての『平家物語』

最後に、大河ドラマ（『新平家物語』『平清盛』）をはじめとして、小説・映画・演劇といったメディアにも進出し、今や国民的古典とみなされている『平家物語』は、どうだろうか。

平曲《へいきょく》の当道《とうどう》家が作成した伝承によれば、将軍足利義満《あしかがよしみつ》に覚一本《かくいちぼん》『平家物語』が献上されたとの由だが（兵藤裕己『平家物語の歴史と芸能』吉川弘文館、二〇〇一年）、明応三（一四九四）年七月二十九日、後土御門《ごつちみかど》天皇の命を受けて近衛政家《このえまさいえ》が『平家物語』を書写し天皇に進上したことが『平家物語』書写の最古の公的記録だろう。

中世においては、『平家物語』とは、琵琶法師《びわほうし》が平曲を演奏するのを聞く、あるいは、『平家物語』を素材にした能楽をみる芸能であった。三条西実隆《さんじょうにしさねたか》の日記『実隆公記』文明十七（一四八五）年六月二十三日条には、徳大寺実淳《とくだいじさねあつ》（一四四五～一五三三）亭において、昼間は宗祇《そうぎ》による『源氏物語』講釈（実隆・姉小路基綱《あねがこうじもとつな》〈一四四一～一五〇一〉同席）があり、夜は座頭《ざとう》による平家語りを聞きながら酒を飲むという興味深い記述がみえる。この事例などは『平家物語』の立ち位置を如実に示しているのではないか。すなわち、『源氏物語』は学問だが、『平家物語』は気晴らしの芸能（娯楽）だということである。

その後、戦国時代、織豊政権を経て、関ヶ原の戦いが終わり、徳川幕府が確立して平和になった近世最初期に、『平家物語』（慶長・元和・寛永・無刊記〈刊行年不明〉）・『保元物《ほうげんもの》語《がたり》』（慶長）・『平治物語《へいじものがたり》』（慶長）・『太平記《たいへいき》』（慶長）・『承久記《じょうきゅうき》』（元和）・『義経記《ぎけいき》』（元和）・『曽我物語《そがものがたり》』（無刊記）とあるように、陸続と古活字版（慶長・元和・無刊記）の軍記が刊行された（小秋元段『太平記と古活字版の時代』新典社、二〇〇六年）。古活字版とは前述したように少部数刊行の活字本だが、このラインナップをみると、近世最初期という平和な時代になってはじめて軍記物語という戦争を主題としたジャンルが生まれ、それを限られた読者のために版行することも始まったのではないかと思われる。

そして、『平家物語』が版本となったのは、元和七（一六二一）年であり、古活字版とどこかで連動しているのではないかと思わせるが、それでも、ここで改めて強調しておけば、『平家物語』が版本となったからといって、すぐに古典となったわけではないということである。大津雄一『『平家物語』の再誕―作られた国民叙事詩―』（NHKブックス、二〇一三年）が論じるように、おそらく近代＝明治期に入ってから、日本も西洋の『ローランの歌』などと同じように「叙事詩」があったはずだという要請に基づいて、改めて古典とされたのであろう。これは、同時に芸能としての『平家物語』の終焉でもあった。兵藤裕己『琵琶法師』（岩波新書、二〇〇九年）も説くように、最後の琵琶法師ともいえる山《やま》鹿良之《がよしゆき》（一九〇一～一九六八）の語りには『平家物語』を題材にしたものはないのである。さらに、現代にも残る平曲は、近代以降に再編成されたものであり、実隆が興じていたものとは別物である。

やや長くなってしまったが、今日、古典とみなされている作品がかつては古典ではなかったということが諒解されただろう。総じていえば、『古今集』『伊勢物語』『源氏物語』『和漢朗詠集』を除いて、江戸期、さらには明治期に古典になったものが大半なのである。新日本古典文学大系（岩波書店、一九八九～二〇〇五年）全一〇〇巻のうち、約半分は近世作品である。これは、作品を選抜した編集委員とその作品の校注を担当した国文学研究者とが勝手に古典にしたという事例ではあるまいか。私も重宝しているので、批判は慎みたいが、少なくとも、ここに収蔵されている作品の大部分は、シリーズ名に反して、古典ではないのである。

古典と注釈

それでは、『古今集』『伊勢物語』『源氏物語』『和漢朗詠集』はなぜ古典なのか。それに答えるためには、まずは日本における古典意識の形成から答えていかねばならない。右記の四作品はいずれも平安期の成立である。だが、四書が古典となったのはかなり遅い。以後、主として、古典であるか否かの表象である注釈の面から四書をみておきたい。

まず、『古今集』をみていく（表1）。『古今集』の序注《じょちゅう》では、藤原親重《ちかしげ》（勝命《しょうみょう》）（一一一二〜八八）の『古今序註（真名序注）』（一一六七年か）と仁安三（一一六八）年以前とされる江家《ごうけ》本を親重が書写した『古今序註（仮名序注）』が一等古いが、歌注まで含んだ注釈となると、藤原教長《のりなが》（一一〇九〜？）『古今集註』（一一七七年）が最初であり、顕昭《けんしょう》（生没年不詳）『古今集註』（一一八三〜九一年）がそれに次ぐ。勝命序注から顕昭注に至るまでは平家政権〜鎌倉初期といった時代である。簡単にいえば、後代、和歌の聖典ともなった『古今集』の注釈は、成立から二六二〜二八六年を経て成立したということである。

備　考
仮名序に割注ではいっているもの.
全歌注としてははじめてのもの.
教長注に対抗して編まれた.
顕昭の注に定家がコメントしたもの.
三代集の略註.
為家の序注. 和歌＝漢詩同一論.
密教的超越的な注釈.
密教的超越的な注釈.
大和歌を三国観の中で「大いに和らぐる歌」と捉える.
二条派正統の注釈.
密教的超越注釈. 古今と伊勢が一体化している.
最近成立が下げられている密教的超越的注釈.
一応二条派系の注釈.
南朝の古今集学.
常縁の講義を宗祇が聞書. 以後, 中世注釈の基準となる. 古今伝授.
一条兼良の独創的な注釈.
飛鳥井栄雅の初心者向けの注釈.
三条西家の古今集学の継承. 古今伝授.
三条西家の古今集学の継承. 古今伝授.
後水尾院の御所伝授.
近世注釈の最高峰.
古今集の標準的な注釈と本文.

表１　『古今集』注釈書一覧

作品名	著　者	成立年
仮名序古注	藤原公任作者説もある	平安中期
古今序註	藤原親重(勝命)	仁安2(1167)年か
古今序註	江家本を藤原親重が書写	仁安3(1168)年以前か
古今集註	藤原教長	治承元(1177)年
古今集註	顕昭	寿永2(1183)年～建久2(1191)年
顕注密勘	顕昭・藤原定家	承久3(1221)年
僻案抄	藤原定家	嘉禄2(1226)年
古今序抄	藤原為家	文永元(1264)年
古今和歌集序聞書	藤原為顕	弘安9(1286)年
古今和歌集(註)	弘安10年古今集歌注とも	弘安10(1287)年
古今集註	冷泉為相か	永仁5(1297)年か
古今聞書(6巻抄とも)	二条定為･為世,行乗法師の聞書	正和3(1314)年～嘉暦3(1328)年
玉伝深秘	玉伝深秘巻とも	
古今集註	毘沙門堂本古今集註とも	
古今集註	北畠治房	正平年中(1346～70)
古今集聞書	耕雲	応永18(1411)年
古今和歌集両度聞書	東常縁・宗祇	文明3～4(1471～72)年
古今童蒙抄	一条兼良	文明8(1476)年か
古今栄雅抄	飛鳥井栄雅	明応7(1498)年
伝心集･伝心抄	三条西実枝	元亀3(1572)年～天正2(1574)年
古今和歌集聞書	細川幽斎	慶長5(1600)年
古今集御抄	後水尾院	明暦3(1657)年
古今余材抄	契沖	元禄5(1692)年
教端抄	北村季吟	元禄12(1699)年

しかも、教長注と顕昭注は、とにかく歌壇の中で這い上がろうとする教長と、歌道家を守ろうとする顕昭の、ある意味で血みどろの対抗関係から生じた。共に後白河院息仁和寺《にんなじ》御《お》室守覚法親王《むろしゅかくほっしんのう》への『古今集』講義から生まれた注釈書だが、顕昭注は教長注に不満だった顕昭が自ら講義を申し出てできあがったものである。

何がいいたいのか。法親王とはいえ、私的な場において『古今集』注釈が行われ、注釈書が生まれたという事実である。ということは、勝命序注以前は、仮名序の古注（公任《きんとう》作ともいわれる）以外は注釈めいたものはなかったのだ。

『古今集』以降、『後撰集《ごせんしゅう》』『拾遺集《しゅういしゅう》』『後拾遺集《ごしゅういしゅう》』『金葉集《きんようしゅう》』『詞花集《しかしゅう》』『千載《せんざい》集《しゅう》』と勅撰集が編纂されていくが（これらに加え永亨十一〈一四三九〉年までに成立した勅撰和歌集を「二十一代集」という〈表2〉）、『古今集』仮名序を規範においたのは、その名も「古今」を冠した『新古今集』がはじめてであり（下命者の治世を称える序末尾の表現をほんの少しだけ真似たものに『千載集』の仮名序があるが）、『拾遺集』の約八〇年後に院政を創始した白河院が自らの政権の正統性を託した『後拾遺集』（その後、巻構成の基準になった）、さらに、平家滅亡を経て、和歌に伝統意識を持ち込んだ藤原俊成撰述の『千載集』にしたところで、『古今集』を特段に意識した文言で仮名序を記していない（右記で仮名序を持つのは『古今集』『後拾遺集』『千載集』である）。そうしてみると、『古今集』を漠然とした伝統的存在ではなく、明確に古典としたのが『新古今集』であり、その後の定家による何度にもわたった本文校訂（舟見一哉「伊達本古今和歌集の性格―定家本『古今集』の本文異同―」『日本文学研究ジャーナル』創刊号、二〇一七年）を経て、『古今集』は堂々たる古典となっていったのである。

後嵯峨院《ごさがいん》時代（一二四二～七二、詳細は後述するが、私はこの時代をもって日本における古典的公共圏が成立・完成したと考えている）の二度目の勅撰集『続古今集《しょくこきんしゅう》』（一二六六年四月・五月編撰・進上）は、後嵯峨院は自らを醍醐《だいご》天皇（『古今集』勅撰）―白河院（最初の院政、『後拾遺集』・『金葉集』勅撰）―後鳥羽院（『新古今集』勅撰、祖父）の継承者として位置づけ、併せて『古今集』の名も永遠化したのだった。

パロディーの出現

なお、後嵯峨院時代に『古今集』をもじった二つの説話集が完成している。建長四（一二五二）年に成立した『十訓抄』は、序文で『古今集』仮名序の言説を効果的に用い、その二年後に成立した『古今著聞集』（二〇巻、橘成季《たちばなのなりすえ》撰、一二五四年）は、書名・巻数からして『古今和歌集』を彷彿《ほうふつ》させる説話集であったが、これは『古今集』のパロディーともなっていた。その後、弘安三（一二八〇）年に催された源具顕《ともあき》撰『弘安源氏論議《こうあんげんじろんぎ》』の同筆跋文も『古今集』仮名序のほぼ全文をもじったものであった。パロディーの出現はもじられる作品が権威＝古典となった証左である。

備　考
『拾遺和歌集』は花山院が『拾遺抄』をみて新たに撰述したとされる．ただし，後代，『拾遺抄』の方が『拾遺和歌集』よりも権威を持つに至った．むろん，公任撰述だからであろう．
最初に，天治元(1124)年に初度本を総覧したが，返却され，二度本を総覧したが，これも返却され，三度本を総覧して，ようやく受納となった．だが，世に流布するのは二度本である．10巻は『拾遺抄』に倣ったという．
竟宴は元久2年だが，その後切継が行われ，承元3～4(1209～10)年に形式的に完成したともいわれる．ただし，後鳥羽院は隠岐配流後，嘉禎元(1235)年頃，自撰の「隠岐後撰抄本」を完成したので，実質のところ，成立年代を絞り込むことは難しい．
天福2(1234)年8月後堀河院が崩御し，定家は落胆のあまり，草稿本の原本を焼却するが，10月下旬に九条道家が後堀河院に奏覧した草稿本を探し出し，11月10日に定家は百余首削って道家に進上した．文暦2(1235)年，世尊寺行能の手になる清書本が為家から道家に進上された．これが実質の成立時期という．

表２　「二十一代集」一覧

作品名	下命者	撰　者	巻数	成立(奏覧・返納)
古今和歌集	醍醐天皇	紀貫之 紀友則 凡河内躬恒 壬生忠岑	20	奏覧　延喜5(905)年か
後撰和歌集	村上天皇	大中臣能宣 清原元輔 源順 紀時文 坂上望城	20	天暦5～6(952～953)年か
拾遺抄		藤原公任	10	長徳2～3(996～997)年か
拾遺和歌集	花山院	花山院	20	寛弘2～4(1005～07)年か
後拾遺和歌集	白河天皇	藤原通俊	20	奏覧　応徳3(1086)年
金葉和歌集	白河院	源俊頼	10	奏覧　大治元～2(1126～27)年か
詞花和歌集	崇徳院	藤原顕輔	10	奏覧　仁平元(1151)年
千載和歌集	後白河院	藤原俊成	20	奏覧　文治4(1188)年
新古今和歌集	後鳥羽院	源通具 藤原有家 藤原定家 藤原家隆 藤原雅経	20	竟宴　元久2(1205)年
新勅撰和歌集	後堀河天皇	藤原定家	20	奏覧　貞永元(1232)年
続後撰和歌集	後嵯峨院	藤原為家	20	奏覧　建長3(1251)年

備　考
正嘉3(1259)年，為家に勅撰集の撰集の沙汰が下るが，高齢ゆえに息為氏を推薦するも却下され，自身で撰集を進めたが進捗せず，真観の工作により，弘長2(1262)年，真観ほか4人の撰者が追加された．
その後切継が行われ，正和2年10月に伏見院・為兼は出家するので，成立の下限はこのあたりとなるだろう．
ただし，執奏者の尊氏は前年に死去し，頓阿が義詮の了解をとりつけ成立に至った経緯がある．
撰者為明が貞治3年10月に急逝し，頓阿が後を継いで同年12月に完成させた．実質的撰者は頓阿でよいだろう．
撰者為遠の死去により為重が引き継いだ．再返納(後小松天皇)の翌年，為重は夜討ちに遭い，撲死した．
奏覧は四季部のみ．永享11年成立の正本は，嘉吉3(1443)年，宮中に乱入した凶徒によって焼失，尭孝の手にあった中書本によって新たな正本を作成し，文安4年に再奏覧された．

以後、『古今集』は実に多様な注釈を生み出していき、東常縁《とうつねより》（生没年不詳）・宗祇による『古今集』の正しい意味とされるものを伝授する「古今伝授《こきんでんじゅ》」を経て、正統的な注釈も確立して、近世に到達していくのである。

　最後に、『古今集』の注釈では、顕昭注に定家の意見を付した『顕注密勘《けんちゅうみっかん》』（一二二一年成立）、および俊成から継受した説を定家が自己の意見も加えてまとめた三代集略注である『僻《へき》

作品名	下命者	撰　者	巻数	成立（奏覧・返納）
続古今和歌集	後嵯峨院	藤原基家 藤原家良 藤原行家 藤原為家（融覚） 藤原光俊（真観）	20	竟宴　文永3（1265）年 目録進上　文永3年
続拾遺和歌集	亀山院	二条為氏	20	奏覧　弘安元（1278）年
新後撰和歌集	後宇多院	二条為世	20	奏覧　嘉元元（1303）年
玉葉和歌集	伏見院	京極為兼	20	奏覧　正和元（1312）年
続千載和歌集	後宇多院	二条為世	20	返納　元応2（1320）年
続後拾遺和歌集	後醍醐天皇	二条為定	20	返納　嘉暦元（1326）年
風雅和歌集	光厳院	光厳院	20	竟宴　貞和4（1348）年
新千載和歌集	後光厳天皇 足利尊氏執奏	二条為定	20	返納　延文4（1359）年
新拾遺和歌集	後光厳天皇 足利義詮執奏	二条為明 頓阿	20	貞治3（1364）年
新後拾遺和歌集	後円融天皇 足利義満執奏	二条為遠 二条為重	20	返納　永徳3（1383）年 再返納　至徳元（1384）年
新続古今和歌集	後花園天皇 足利義教執奏	飛鳥井雅世	20	奏覧　永享10（1438）年 　　　永享11（1439）年 再奏覧　文安4（1447）年

案抄《あんしょう》』（一二二六年）が重要である。『顕注密勘』は、その後の古今注に決定的な影響を与えたし（たとえば、飛鳥井雅親《あすかいまさちか》（一四一六〜九〇）『古今栄雅抄《こきんえいがしょう》』など）、室町期の東常縁から宗祇へ古今伝授が行われ、その結果は『両度聞書《りょうどききがき》』としてまとめられたが、そこでは『僻案抄』は「御抄」と呼ばれ貴ばれている。

　蛇足ながら付け足すと、鎌倉末期になると、天竺《てんじく》（インド）の梵語《ぼんご》による偈《げ》を「和らげ」たのが震旦《しんたん》

（中国）の漢詩であり、漢詩を「和らげ」たのが和歌だとし、「大和歌」を「大いに和らぐる歌」と捉える説や密教的超越論理の説などが続出し、古今注は百花繚乱の様相を呈するが、古今伝授期にはほぼ落ち着いてくるようである。

俊成による顕彰

それでは『伊勢物語』『源氏物語』はどうだったろうか（表3・4）。

まず、注釈においては、『伊勢物語』は鎌倉末期の『和歌知顕集《わかちけんしゅう》』『伊勢物語髄脳《いせものがたりずいのう》』といった超越的密教言説に基づく（現代風にいえば荒唐無稽《こうとうむけい》な）注釈が現れるまで、単独の注釈書は存在しなかった。その理由は、『古今集』と共通の和歌・物語を持つものも多く、さして必要とされていなかったとみられていたからではないか。次に、『源氏物語』は、安元元（一一七五）年に没した世尊寺伊行《せそんじこれゆき》（生年不詳）が記した『源氏釈《げんじしゃく》』が注

備　考
ここまでを大津有一は「髄脳古註の時代」と称した．密教的超越的注釈が特質である．
ようやく通常の古典注釈となった．
宗祇は『伊勢物語』注釈でも活躍する．
実隆の講義を宣賢が聞き書きしたものだが，実隆がその後書写もしている．
実隆源氏学の継承．
惟清抄の継承だが，幽斎の独自注釈もある．
ここまでを大津有一は「旧註の時代」と称した．やはり，『伊勢物語』の標準注釈・テクストとなった．
これ以降を大津有一は「新註の時代」と称した．

表3　『伊勢物語』注釈書一覧

作品名	筆　者	成立年
十巻本伊勢物語注	冷泉家流	
増纂伊勢物語抄	冷泉家流	
伊勢物語奥秘書		
和歌知顕集	鎌倉後期か	
伊勢物語難儀注		
伊勢物語髄脳		
伊勢物語愚見抄	一条兼良	文明6(1474)年
伊勢物語肖聞抄	宗祇講義の聞書	文明9(1477)年か
伊勢物語惟清抄	三条西実隆の講義,清原宣賢の聞書	大永2(1522)年
伊抄　称名院注釈	三条西公条	天文5(1536)年
伊勢物語闕義抄	細川幽斎	文録5(1596)年
伊勢物語拾穂抄	北村季吟	寛文元(1661)年頃
勢語臆断	契沖	元禄5(1692)年以前

釈の嚆矢《こうし》となるだろう。『源氏釈』の注釈態度は源氏の本文を引いて、出典・典拠を呈示するものであり、その後、その注釈態度・方法は定家『奥入《おくいり》』に継承されていった。

だが、両著を古典にしたのは、注釈に先行した俊成の顕彰であったのではないか。俊成の自讃歌である「夕されば野べの秋風身にしみて鶉《うずら》なくなりふかくさの里」の初出は『久安百首《きゅうあんひゃくしゅ》』（一一四二〜四三年、百首題下さる。一一五三年、俊成が初度本を崇徳院《すとくいん》に進覧）だが、『慈鎮和尚自歌合《じちんおしょうじかあわせ》』（一一九八年頃成立）の判詞《はんし》では、俊成は、以下のように述べていた。

秋の歌中に　右　釈阿

一〇七　夕されば野べの秋風身にしみてうづらなくなりふか草の里

この右崇徳院御時百首の内に侍り、これ又ことなる事なく侍り、ただいせ物がたりにふか草の里の女のうづらとなりてといへる事をはじめてよみいで侍りしを、かの院にもよろしき御気しき侍りしばかりにしるし申して侍りしを、左歌ふしみの里の有明《ありあけ》に

備　考
『源氏物語』に出てくる言葉や和歌の出典を記す.
上記と同様. 調査の精度は上がっている.
河内源氏学の集大成散佚『水原抄』から秘説だけを抜き出したもの. その後, 増補される.
河内源氏学から生まれた注釈.
『紫明抄』他当時の説の集大成.
源氏物語を巡るトリビアクイズ.
河内源氏学の集大成.
『源氏物語』のいろは引き辞書.
和語を和語で説明したもの.
『源氏物語』の年表.
『河海抄』を超えようとした注釈.
『花鳥余情』の秘説十三ヶ条を注釈する.
宗祇の注釈.
連歌師による本格的な注釈.
三条西実隆による注釈.
北畠義総の要請で書かれた注釈.
三条西源氏学の継承.
連歌師源氏学の継承.
三条西源氏学の継承.
実隆の外孫による実隆源氏学の継承と発展.
連歌師の源氏学の集大成.
中世源氏学の集大成.
以後, 『源氏物語』の注釈のみならず基準テクストとなった.
契沖の源氏注釈だが, エッセンスだけである.

表4　『源氏物語』注釈書一覧

作品名	筆　者	成立年
源氏釈	世尊寺伊行	安元元(1175)年以前
奥入	藤原定家	天福元(1233)年後
原中最秘抄	源親行	建長7(1255)年以降
紫明抄	素寂（親行弟）	永仁2(1294)年，久明将軍に書写進上
光源氏物語抄		
弘安源氏論義	源具顕筆録	弘安3(1280)年
河海抄	四辻善成	貞治の初め頃(1361～)足利義詮に進上
仙源抄	長慶天皇（南朝）	弘和元(1381)年頃
源氏和秘抄	一条兼良	宝徳元(1449)年
源氏物語年立	一条兼良	享徳2(1453)年
花鳥余情	一条兼良	文明4(1472)年
源語秘訣	一条兼良	文明4(1472)年以降
雨夜談抄	宗祇	文明17(1485)年
源氏物語聞書	兼良・宗祇の講釈／肖柏の聞書	文明8(1476)年～長享3(1489)年
弄花抄	三条西実隆	永正7(1510)年
細流抄	三条西実隆	永正7～10(1510～13)年
明星抄	三条西公条	天文3(1534)年頃
紹巴抄	里村紹巴	永禄7(1564)～8年
山下水	三条西実枝	永禄13・元亀元(1570)年以降
孟津抄	九条稙通	天正3(1575)年
万水一露	永閑	天正3年
岷江入楚	中院通勝	慶長3(1598)年
湖月抄	北村季吟	延宝元(1673)年
源注拾遺	契沖	元禄9(1696)年

月にならんたのむの雁《がん》、いみじくをかしくこそ侍れ、左尤勝《もつともかち》に侍るべし（古典ライブラリー版『新編国歌大観』。和歌の引用は原則これに従う。傍線著者）

俊成は、あの歌は、同じ歌を載せる『古今集』雑下（九七一・九七二）ではなく、『伊勢物語』一二三段の男女の問答歌《もんどうか》（男「年をへて住みこし里を出でていなばいとゞ深草野とやなりなん（長年住んできた里を出て行くならば、ますます深草は野原となってしまうだろうか）」、女「野とならば鶉となりて鳴きをらんかりにだにやは君は来ざらむ（野原となったら、私は鶉となって鳴いておりましょう、狩〈仮〉にでさえもあなたはいらっしゃらないでしょうか）」。傍線著者）を踏まえて詠んだところ、かの院（崇徳院）もご機嫌だったと述べている。俊成の発言で注目すべきは「はじめてよみいで侍りし（はじめて読み出しました）」であろう。つまり、それまで『伊勢物語』を踏まえた和歌などなかったと俊成はいっているからである。これは『伊勢物語』を本歌《ほんか》の対象、すなわち、古典と認知し顕彰した発言だとみなしてよいだろう。

さらに押さえておきたいのは、俊成のあまりに有名な「源氏見ざる歌よみは遺恨《いこん》の事なり（『源氏物語』を読まない歌人は残念なことである）」という発言である。これは『六百番歌合』一三番（五〇五・女房＝藤原良経《りょうけい》〈勝〉、五〇六・藤原隆信《たかのぶ》、題「枯野」）の判詞に登場する。良経詠「見しあきをなににのこさむくさのはらひとへにかはる野辺の気色に（見た秋を何に残しましょうか、草の原もすっかり変わる野辺の様子の中で）」に対して右方が「くさのはらききよからず」と批判した。「くさのはら」は耳に心地よくない、つまり、聞いたことがない歌語だと批判したのである。それを受けて、判者である俊成は、「なにのこさんくさのはらといへる、えんにこそ侍るめれ（「何にのこさん草の原」といっているのは、あでやかである）」と激賞し、「右方人草の原難申之条、尤《もっとも》うたたある事にや、紫式部歌よみの程よりも物かく筆は殊勝なり、そのうへ花宴《はなのえん》の巻はことにえんなる物なり（右方の人が草の原を非難したこと、なんとも話にならないのでは。紫式部は歌人というよりも文章が素晴らしい、そのうえ、花宴の巻はとりわけあでやかなものだ）」と右方をこき下ろし、突如、紫式部の文才を褒め、花宴の巻は実に艶《つや》なるものだと褒め、「源氏見ざる歌よみは遺恨の事なり」とつなげたのである。

「くさのはら」はたしかに花宴の巻に登場する。朧月夜内侍《おぼろづきよのないし》が詠む「うき身世にやがて消えなば尋ねても草の原をば問はじとや思ふ（つらい身である私が世の中からそのまま消えてしまったら、あなたは私を探しても草の原まで尋ねてこないと思っていますか）」とそれを受けた源氏詠「いづれぞと露のやどりをわかむまに小笹が原に風もこそ吹け（どこだと露の宿りを分けていく間に小笹の原に風も吹きます、どこにでも尋ねますよ）」（傍線著者）である。だが、この歌を受けて詠まれたと思われる『狭衣物語《さごろもものがたり》』巻二冒頭（旧東京教育大学蔵本）にある狭衣詠「尋ぬべき草の原さへ霜枯れて誰に問はまし道芝の露（尋ねたい草の原までも霜枯れていったい誰に問おうか、道芝の露を）」（傍線著者）の方が、傍線部で示したように、良経詠の本歌により近いと思われる。題「枯野」にもふさわしい。俊成が狭衣詠を知っていたかどうかははっきりとはわからないけれども、ここまで断言する俊成の狙いははっきりしていたはずである。前述の『伊勢物語』と同様に、ここでは『源氏物語』を認知・顕彰することが目的だったのだ。

「源氏見ざる歌よみは遺恨の事なり」と書かれた判詞を後日みた右方の面々は狐につままれた気分に陥ったのではあるまいか。なぜ？　といったところである。つまり、この当時、『源氏物語』の享受は一般的ではなかったということである。平安末期の歌合における「源氏取り」はほぼ負けているという研究報告もある（瓦井裕子「禖子内親王家歌合と『源氏物語』摂取―源師房の関与をめぐって―」『日本文学』六五―九、二〇一六年）。

以上、俊成による『伊勢物語』『源氏物語』認知・顕彰のありようをみてきた。いずれもはじめての試みであったことが重要であるが、それと共に、俊成の和歌伝統の中で和歌を詠むという和歌観念と、この両書の顕彰は見事に連動していたことも諒解されよう。俊成はいっているのだ。歌人諸君は皆『伊勢物語』『源氏物語』を本歌として新しい和歌を詠め、そうすると、和歌は伝統と繋がるはずだと。

そして、俊成息定家の登場となる。晩年の定家は和歌詠作よりも、諸本校訂に己が身を捧げていたが、青表紙本『源氏物語』（一二三三年）・定家本『伊勢物語』（一二三四年）がここに完成するのである。定家の『源氏物語』注釈である『奥入』もほぼ同時期（一二三三年以降）に完成している。他方、やや遅れて鎌倉では、後嵯峨院時代に、室町中期まで基本本文であった、源光行《みつゆき》・親行《ちかゆき》親子による河内本《かわちぼん》『源氏物語』、さらに、注釈（『水原《すいげん》抄《しょう》』『原中最秘抄《げんちゅうさいひしょう》』）も完成していた。その後、河内源氏学が親行の兄弟・子孫によって発展し、南北朝期の四辻善成《よつつじよしなり》『河海抄《かかいしょう》』に結実していく。こうして、『古今集』『伊勢物語』『源氏物語』の校本が揃うことになった。また、『古今集』『源氏物語』においては、注釈書も確立してくるのである。『古今集』『伊勢物語』『源氏物語』の三書は後嵯峨院時代までに古典として確立されたのである。

図１　藤原定家（伝藤原信実筆）

近世以降需要を増した『和漢朗詠集』

ここで、『和漢朗詠集』に触れておきたい。『和漢朗詠集』は幼学書であったためか、三書とは古典への道程がやや異なるのである。書物とはならず、原文に付加された注である「勘物《かんもつ》」としてあったという大江匡房《おおえのまさふさ》（一〇四一～一一一一）『朗詠江注《ろうえいごうちゅう》』が『和漢朗詠集』の最初期の注釈だが、書物となったのは、信救《しんぎゅう》（大夫房覚明《たゆうぼうかくみょう》、一一五七～一二四一）の『和漢朗詠集私注』（一一六一年）が最初のものと思われる。信救は反平清盛《きよもり》的行動で知られ、木曽義仲《きそよしなか》の右筆《ゆうひつ》にもなっている。学問は勧学院《かんがくいん》で学んだようだが、こうした人物がはじめて本格的な注釈をつけたことは、やはり『和漢朗詠集』の特異性といってもよいかもしれないが、その成立は勝命注のほんの少し前でしかない。清盛が政権樹立を目指して官位を上昇させていた時代である。

室町期に入ってからも『和漢朗詠集』は盛んに読まれ、また大いに写されたが、幼学書であったためか、古今・伊勢・源氏伝授のような正式に伝授される古典にはならなかった。主要な古注の一つである永青文庫本《えいせいぶんこ》『和漢朗詠抄注』（永済《えいさい》注）は、奥書（一五九七年）によると、細川幽斎《ゆうさい》（一五三四～一六一〇）が薩摩で入手したという事実からも書物の伝来・来歴のありようは三書とは別の流れにあったとみてよいだろう。こうしてみると、『和漢朗詠集』が正しく古典の地位を確立したのは、江戸初期、北村季吟がこれまでの注釈（信阿《しんあ》注＝信救注、一五四八年の永済注など）を集成・整理した『和漢朗詠集註』（一六七一年）を刊行してからではないのだろうか。

江戸期を通して版本化された『和漢朗詠集』は相当な数に上る（その多くを明星大学人文学部日本文化学科が所蔵する）。そして、江戸後期の享和三（一八〇三）年には自学自習用教材である「経典余師《けいてんよし》」に『和漢朗詠国字抄《わかんろうえいこくじしょう》』（高井蘭山《たかいらんざん》著）が加わり（鈴木俊幸『江戸の読書熱—自学する読者と書籍流通—』平凡社選書、二〇〇七年）、『和漢朗詠集』を自学自習することが可能となった。それだけ需要があったということである。末端にまで拡大滲透《しんとう》した古典では『和漢朗詠集』に指を屈するのではないか。

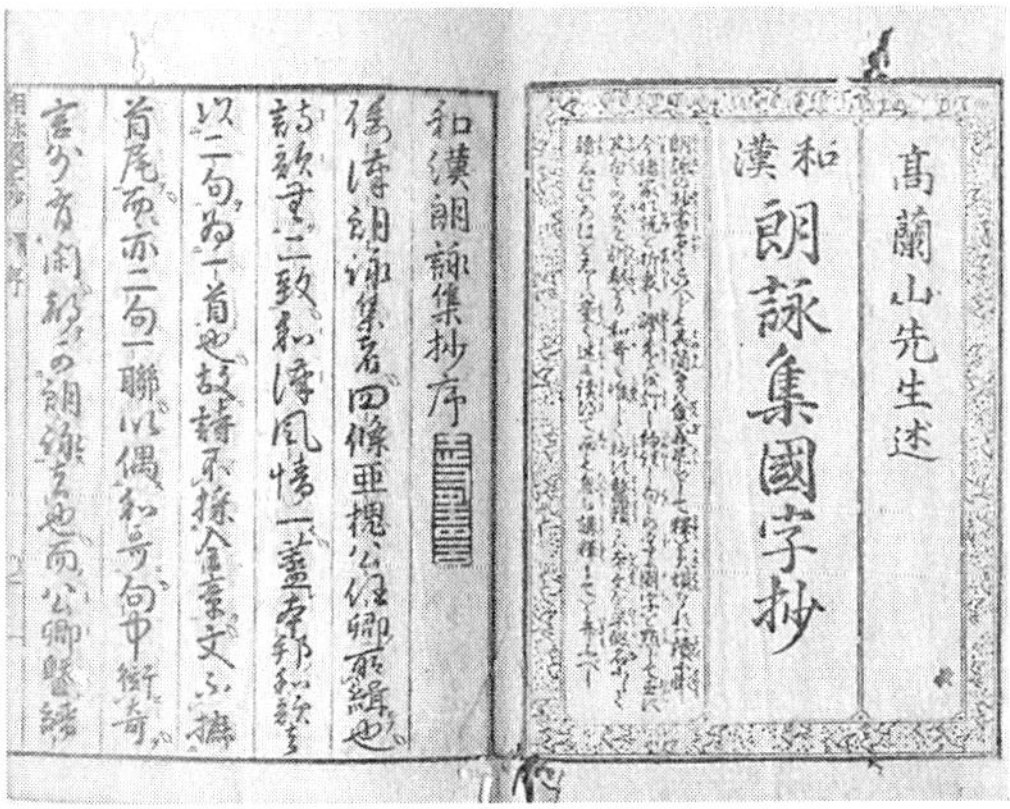

図２　高井蘭山『和漢朗詠国字抄』（明星大学人文学部日本文化学科所蔵）

　ともあれ、中世において、古典とは、平安末期から鎌倉初期（『伊勢物語』の場合、注釈は鎌倉末期だが）に注釈あるいは校本が作られ、皆に仰がれ規範とされる作品のことであった。それは『古今集』『伊勢物語』『源氏物語』および『和漢朗詠集』の四書であり、以後、三大古典（古今・伊勢・源氏）、四大古典（四書）と呼ぶことにしたい。

古典的公共圏の成立

古典が確定した時期は後嵯峨院時代である。後嵯峨院は三〇年にわたって朝廷を支配し、加えて、私がパックス・カマクラーナ（Pax Kamakurana＝鎌倉の平和）と命名したように（拙稿「院政期の政治神学」『記憶の帝国―〔終わった時代〕の古典論―』右文書院、二〇〇四年）、鎌倉幕府との関係も、鎌倉期において最も政治力を有していた関東申次《かんとうもうしつぎ》西園寺《さいおんじ》氏の尽力で実にうまくいっていた。承久《じょうきゅう》の乱以降からモンゴル襲来までの期間のみならず鎌倉期の中でも後嵯峨院時代は最もよい時代であったのである。

後嵯峨院の時代

院は、一〇年で追放（お役御免）となったものの、長子宗尊《むねたか》を鎌倉将軍、次男は後深草《ごふかくさ》院《いん》（新院）、三男は亀山《かめやま》天皇、そして、他の皇子たちは覚助《かくじょ》（四天王寺《してんのうじ》別当《べっとう》・三井寺《みいでら》長吏《ちょうり》）、慈助《じじょ》（天台座主《てんだいざす》）、忠助《ちゅうじょ》（三井寺長吏）、性助《しょうじょ》（仁和寺御室）、浄助《じょうじょ》・円助《えんじょ》（円満院門跡《えんまんいんもんぜき》）、仁恵《にんえ》（法住寺宮《ほうじゅうじのみや》、三井寺長吏、熊野三山検校《くまのさんざんけんぎょう》）というように、南都《なんと》を除いて天台（延暦《えんりゃく》寺《じ》・三井寺）、真言《しんごん》（仁和寺）など、法親王として宗教界に君臨した。つまり、後嵯峨院は、子弟をもって、武家（宗尊）・公家＝天皇（後深草・亀山）・寺家（覚助……仁恵）を支配したのである。このような壮大な権力を有した院は後嵯峨院をおいて他にはいない。

権門体制論と文化

黒田俊雄は中世の国家を権門《けんもん》体制であると説いた（黒田俊雄「中世の国家と天皇」『岩波講座日本歴史』六、一九六三年、『黒田俊雄著作集』一巻「権門体制論」・二巻「顕密体制論」、法蔵館、一九九四・九五年）。黒田によれば、日本の中世とは、石母田正が説いたような（石母田正『中世的社会の形成』岩波文庫、一九八五年、原著一九四六年）、幕府・武士という中世勢力が朝廷・貴族、寺院・僧侶という古代勢力を圧倒していく時代像とはまったく異なり、院・天皇の下に公家（貴族）・寺家（寺社）・武家（幕府）が国家の権力を分掌して、全体として人民を支配する社会だったということになる。黒田も石母田同様にマルクス主義者であり、下部構造として荘園《しょうえん》制社会を置き、上部構造として、政治・経済権力として権門体制（それぞれの権門は領主でもあった）、宗教体制として顕密《けんみつ》体制を置いたのである。これはマルクス主義歴史学の最も成功した中世像だろう。なぜなら、荘園制社会が底辺（下部構造）となり、権門体制・顕密体制が底辺から斜めに伸びる二つの斜線（上部構造）となって、荘園制社会・権門体制・顕密体制が三角形を作り出し、あたかも建築でいう強固なトラス構造を構築し、日本中世を構造化しえているからに他ならない。今日、黒田権門体制・顕密体制をどのように批判的に継承するかが日本中世史の課題となっているようだ（平雅行『日本中世の社会と仏教』塙書房、一九九二年、同『鎌倉仏教と専修念仏』法蔵館、二〇一七年、上島享『日本中世の形成と王権』名古屋大学出版会、二〇一〇年など）。

　黒田権門体制論の妥当性については、これ以上の議論はしないが、先述の後嵯峨院とその皇子たちをみると、まさに後嵯峨院こそ権門体制を具体化した院であることが諒解されよう。その後、周知のごとく、後深草院と亀山院は対立し、両統迭立《りょうとうてつりつ》となり、最後は南北朝分裂と至ってしまうのだが、ともかく後嵯峨院が統御していた日本こそ権門体制そのものであったとみてよいだろう。

　だが、黒田史学には大事なものが欠けていた。権門体制を維持し交流させていく文化装置がそれである。後嵯峨院は生涯二度も勅撰集を作らせている。『続後撰集《しょくごせんしゅう》』と『続古《しょくこ》今集《きんしゅう》』である。この二集には、『続古今集』入集数トップ（六七首）の宗尊をはじめとして、武家の和歌も北条執権《しっけん》家（泰時《やすとき》・政村《まさむら》・重時《しげとき》・長時《ながとき》・時広《ときひろ》・時直《ときなお》）からそれなりに入集している。また、僧侶歌人も前代の顕密僧の典型慈円《じえん》・守覚、歌僧の典型西行《さいぎょう》（一一一八〜九〇）はいうまでもないが、当時の顕密僧である法親王（覚仁《かくにん》・静仁《じようにん》・尊快《そんかい》・承仁《しようにん》）、（大・権・前も含む）僧正《そうじよう》（円経《えんきよう》・行意《ぎようい》・範玄《はんげん》・静観《じようかん》・公豪《こうごう》・快雅《かいが》・成源《じようげん》・覚忠《かくちゆう》・栄西《えいさい》など）も新たに入集しているのである（拙稿「野僧と顕密僧をめぐって」『西行学』七、二〇一六年、同「僧侶の恋歌（三）勅撰集（下・一）題詠のもたらしたもの（一）—顕密僧と野僧（歌僧）の詠作から—」『明星大学研究紀要　人文学部日本文化学科』二〇、二〇一二年）。これは、権門体制が文化的にも成り立っていることを意味するのではないか。私は、権門体制（院・天皇—公家・武家・寺家）を相互に繋いでいく文化的要素を加えたものを「公《おおやけ》」秩序と呼び（前掲拙稿二〇〇四年）、そのような中世のエリート的公共圏を「古典的公共圏」と命名した。

教養と和歌詠作

そうして、「古典的公共圏」が確立したのが後嵯峨院時代である。以後、明治維新＝近代に至るまで、古典的教養（三書＋漢籍）を備え、和歌（連歌・俳諧・漢詩）詠作ができる人間が「一人前の人間」としてみなされたのである。

戦国末期から江戸初期にかけてしたたかに生き抜き、文人としても多大な尊敬を集めた細川幽斎、秀吉の甥であり大名を辞めて文人となった木下長嘯子《ちようしようし》（一五六九〜一六四九）、四〇代以降、『源氏物語』を七度（三田村雅子『記憶の中の源氏物語』新潮社、二〇〇八年）、

「二十一代集」を二度、「八代集」を三度も書写した松平定信《まつだいらさだのぶ》（一七五九〜一八二九）をはじめとする文人大名が、どうしてかくも古典・和歌に熱中するのかは、そこに確たる古典的公共圏なる概念と実態があり、そこの中にいることが「一人前の人間」、すなわち、尊敬に価する人物としてみなされることだという社会通念が皆に共有されていたからだろう。むろん、熱中の仕方には個人差が大いにあるけれども、江戸初期の京都所司代《きょうとしょしだい》板倉重宗《いたくらしげむね》（一五八六〜一六五七）が修学院離宮《しゅうがくいんりきゅう》で後水尾院《ごみずのおいん》（一五九六〜一六八〇）から和歌懐紙《わかかいし》を渡され、感動のあまり、踊って退場したというエピソード（熊倉功夫『後水尾天皇』中公文庫、二〇一〇年）からも、公武に対立などはなく、文化的にはほぼ共通していたと思われる（本書「書物の移動をめぐる力学」参照）。

寺家と古典

寺家の中で、古典的公共圏に距離を置いていたのは、五山を中心とする禅宗だろう。とはいえ、室町幕府の絶大な庇護《ひご》もあって、近世の儒学振興の基を作ったばかりでなく、和句を発句《ほっく》に置き、五言《ごごん》漢詩の一句を脇句《わきく》として和句と漢句が交互ではないものの、一句和句が来たら二句漢句が来るというように断続的ながら連続させて百韻《ひゃくいん》までいく和漢連句《わかんれんく》（漢和連句）の盛行で宮中にもしっかり出入りし（五山僧は漢句を担当する）、宮中における漢詩・漢籍講義など、和歌・日本古典以外の分野、すなわち、和漢の漢部門を担い、これまた古典的公共圏の一角を占めていたと思われる。

また、室町後期・戦国期に大勢力となった本願寺（浄土真宗）は、支配する地域の寺院に蓮如《れんにょ》の子弟を赴任させていたが、加賀三ヵ寺の一つ松岡寺《しょうこうじ》の蓮慶《れんけい》（一四五〇〜一五三一、蓮如の孫）は明応六（一四九七）年九月一日に三条西実隆に『源氏物語』の書写を依頼し入手している（『実隆公記』）。翌年三月七日にも『源氏物語』花宴巻を書写依頼し入手している。能登の畠山義総《はたけやまよしふさ》（一四九一〜一五四五）は永正八（一五一一）年九月十一日に『源氏物語』の注釈書の『聞書』を焼失し、永正十七年十月三日に再度『聞書』を改訂した『細流抄』を実隆から取得している（『実隆公記』）。

時期はややずれているものの、同時代に生きた、加賀の一向一揆の中心にいる蓮慶と、どちらかといえば、一揆を抑圧する側である能登守護が共に実隆との関係を持ち、『源氏物語』を愛好し、写本（や注釈書）を求めて入手しているのである。松岡寺蓮慶も畠山義総も古典的公共圏の立派な一員であった。他方、本願寺そのものも古典的書物を多数持っていたことは、後段（本書「書物の移動をめぐる力学」）で詳しく論じている。

古典が確立し、古典的公共圏が成立すると、古典・和歌を抜きにした人間関係は考えられなくなる。そこから、書物と権力という問題がせり上がってくるのである。

伏見宮家と足利将軍

『風雅集』『玉葉集』の贈与

義満と崇光院、そして『風雅集』

北朝の天皇

いわゆる北朝（持明院統《じみょういんとう》）初代の光厳院《こうごういん》の次は弟の光明《こうみょう》天皇が嗣ぎ、その後、光厳院の皇子である崇光《すこう》天皇が正平三（一三四八）年に即位した。観応《かんのう》の擾乱《じょうらん》がらみで、足利尊氏《あしかがたかうじ》が南朝に下って成立した正平一統《しょうへいいっとう》（正平六年）によって北朝は一旦廃絶し、政権は南朝に統一された。これに併せて、崇光天皇・東宮直仁《なおひと》（花園《はなぞの》皇子となっているが、実は光厳皇子とのこと）も廃されるに至ったのである。だが、こうした事態を己が実力と誤認し、増長し倒幕を企て、京都に進軍してきた南朝に対して、東国の尊氏・京都の足利義詮《よしあきら》父子が南朝に対して蜂起し、その過程で京都を奪われるなど苦戦しながらも勝利を重ねていき、正平一統はほんの四ヵ月で破綻してしまった（亀田俊和『観応の擾乱』中公新書、二〇一七年）。と同時に、尊氏は観応元号を使用し始め（義詮は尊氏よりも前に観応元号を使用している)、北朝も復活した。

とはいえ、観応四＝正平七(一三五二)年閏二月、勢力を盛り返した義詮軍によって、占領していた京都からの撤退を南朝が余儀なくされた時、光厳・光明・崇光の三上皇と直仁を拉致し(後光厳については捜索したものの補捉することができなかったとのこと)、山城国男山《おとこやま》を経て吉野の賀名生《あのう》に幽閉したのである。なんとか復活した北朝にはこの時天皇・院・東宮がいなくなっていたのだ。八月、やむなく義詮は、二条良基《よしもと》と相談のうえ、広義門院《こうぎもんいん》(西園寺寧子、光厳・光明の母)に院(治天の君)になってもらうことを依頼し、一旦は拒絶されながらも、佐々木道誉《どうよ》の意を受けた勧修寺経顕《かじゅうじつねあき》の説得でなんとか飲ませて、広義門院院政下で後光厳天皇が即位した。足利幕府が擁立した後光厳天皇とは、偶然の産物であった。一統の際、三種の神器も南朝に渡されていたので、三種の神器もなく即

図3　北朝天皇家系図

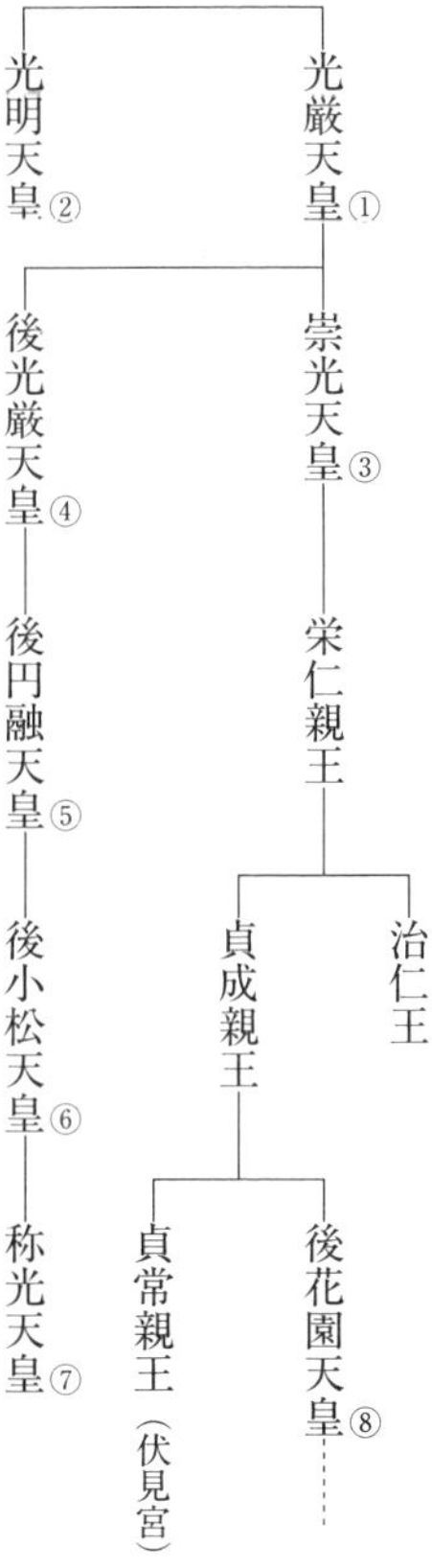

位となったのである（後円融《ごえんゆう》・後小松《ごこまつ》も同様）。

その後、延文二（一三五七）年に、光厳・崇光・直仁が帰洛して、後光厳天皇の正統性が揺らいだものの、皇統は、以後、後光厳―後円融―後小松―称光《しょうこう》というように、後光厳皇統直系で一本化されていくこととなる。対南朝政策も踏まえると（南朝は軍事力もかなりあり、後光厳は義詮と共に美濃・近江へ待避ということが複数回あった）、これ以外の方策はなかったものと思われる。

伏見宮家の憂鬱

他方、応安三（一三七〇）年に、後光厳の兄崇光院は後光厳天皇の東宮に我が息栄仁《よしひと》親王をと、盛んに運動するものの、聖断によるという幕府・足利義満《よしみつ》の判断で敗れた（即位したのは、後光厳皇子の緒仁《おひと》親王であり、後円融天皇となった。応安四年三月二十三日）。その結果、崇光＝伏見宮家《ふしみのみや》はそれ以降、崇光―栄仁―治仁《はるひと》（貞成《さだふさ》の兄）―貞成と継承されていくものの、天皇位は、貞成の息後花園《ごはなぞの》天皇まで回ってこなかった。それも、別段、伏見宮家が天皇位を奪取したわけでなく、称光天皇が世継ぎもなく死去し、後花園が後小松の猶子《ゆうし》になるという形でのいわば後光厳天皇の即位と似たような偶然による復活であった。

その後、後花園皇統は今日に及び、合わせて最初の宮家である伏見宮家も戦後の皇籍離脱まで続いた。とはいえ、伏見宮家とは、三代にわたって陽の当たらぬ宮家であった。栄仁親王は、都から離れた伏見の御所に住み、伏見殿と呼ばれた。この点でも都から排除されていたのである（これが解決されるのは、貞成の時代、後花園天皇が即位してからである。後述する）。

加えて、伏見宮家は経済的に恵まれていなかった。栄仁・貞成については、横井清『室町時代の一皇族の生涯―『看聞日記』の世界―』（講談社学術文庫、二〇〇二年）が現在においても一等詳しく、基本書の地位を失わないが、同著も指摘しているように、貞成が石《いわ》清水八幡宮《しみずはちまんぐう》に参詣するには一〇〇人くらいの供奉《ぐぶ》が必要であったというから、家格にあった儀式・儀礼を実行しようとすれば、自ずと莫大な出費となる。だが、財政基盤は、主として己が領有する荘園《しょうえん》の年貢である。つまり、経済的には自立せねばならないのに、儀式・儀礼は宮家に似つかわしいものが要求されるのである。貧窮に陥るのはいわば必然であった。

『風雅集』を贈ること

『看聞日記《かんもんにっき》』永享七（一四三五）年八月二十七条に、栄仁が『風雅集《ふうがしゅう》』を義満に贈与したという記事がある。『看聞日記』には、「先年大通院《だいつういん》（栄仁親王）の御時、鹿苑院殿《ろくおんいん》（足利義満）へ進ぜられ訖《おわ》んぬ」（原記録文）とあるから、この時点では、贈与した時期がいつ頃かは確定できないし、栄仁の意図もわからないけれども、栄仁は『風雅集』を時の最高権力者義満に進上していた。

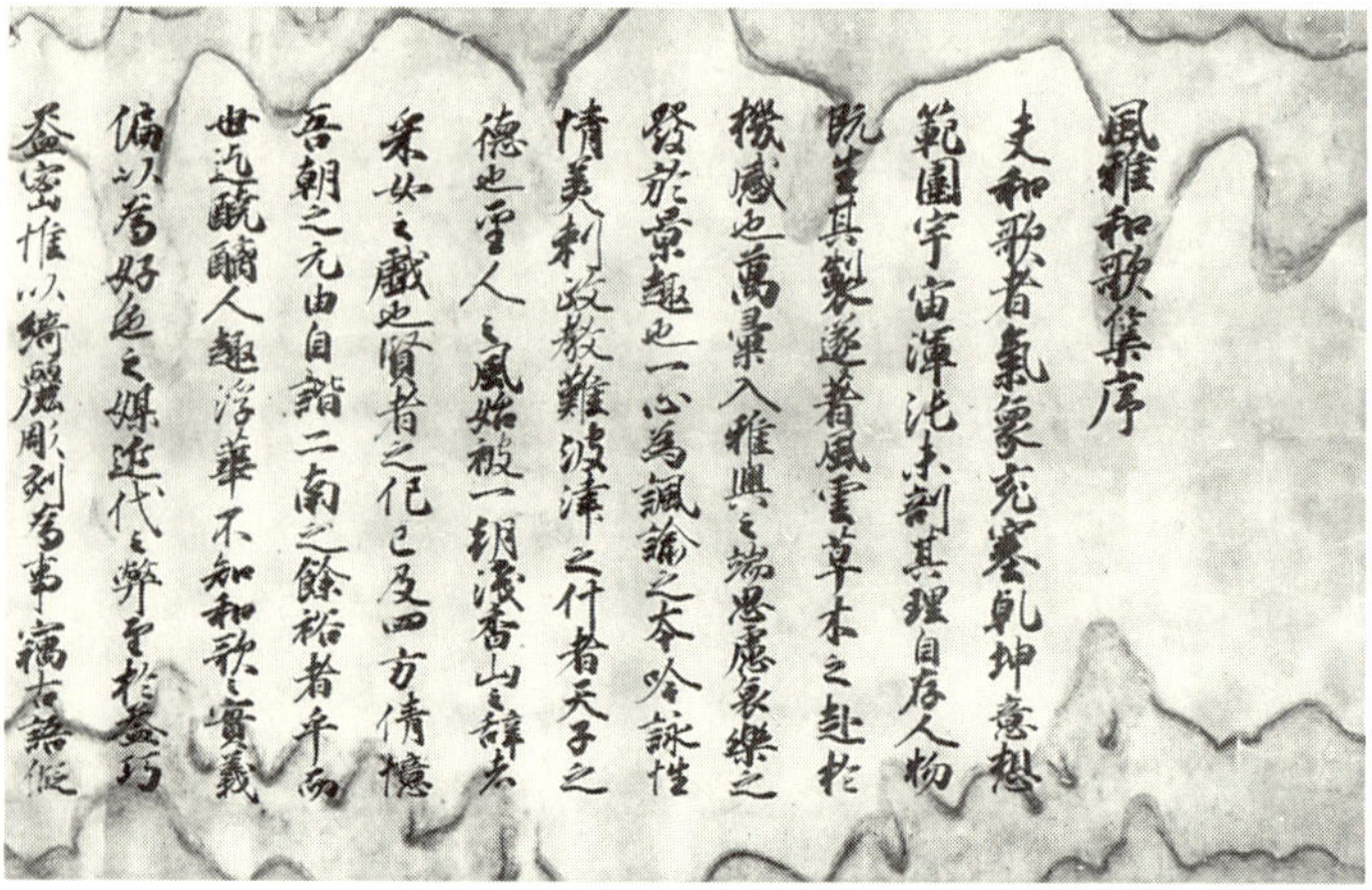
風雅和歌集序
夫和歌者氣象充塞乾坤意想
範圍宇宙渾沌未剖其理自存人物
既生其製遂著風雲草木之趣於
機感也萬彙入雅興之端思慮哀樂之
發於景趣也一心為諷諭之本吟詠性
情美刺政教難波津之什者天子之
徳也富人々風始被一朝淺香山之辞者
采女之戯也賢者之化已及四方情懐
吾朝之元由自爾二南之餘裕者乎而
世近頽靡人趣浮華不知和歌之實義
偏以為好色之媒迷代々之弊至於益巧
益密唯以綺靡彫刻為事

図４　『風雅集』（個人蔵）

一七番目の勅撰集である『風雅集』は、光厳院が昵懇《じっこん》の間柄だった足利直義《ただよし》の承諾を経て、花園院の協力を仰ぎながら、自ら撰述したものである。『玉葉集《ぎょくようしゅう》』と並んで二集しかない京極派《きょうごくは》の勅撰集である。京極派は、伏見院・永福門院《えいふくもんいん》・京極為兼《ためかね》の三人によって始められたものであり、『玉葉集』は伏見院の命を承けて為兼撰である。京極派において伏見院の存在は三人の中でも別格に重く、伏見院の好んだ歌ことばは、ある意味で規範となって以後継承されていった。これが結果的には京極派の発展と拡がりを妨げる理由とはなったものの、『風雅集』においても伏見院の影響力は決定的であり、花園院は伏見院皇子、光厳院は後伏見院皇子で伏見院の孫である。持明院統にとっては、『玉葉集』『風雅集』の二集は何よりも重要な意味を持つ勅撰集であったといっても過言ではない。そして、二集の正本とされるものは、なぜかはわからないけれども、同じ持明院統である後光厳皇統ではなく、崇光院皇統＝伏見宮家に代々相伝《そうでん》されていたのである。

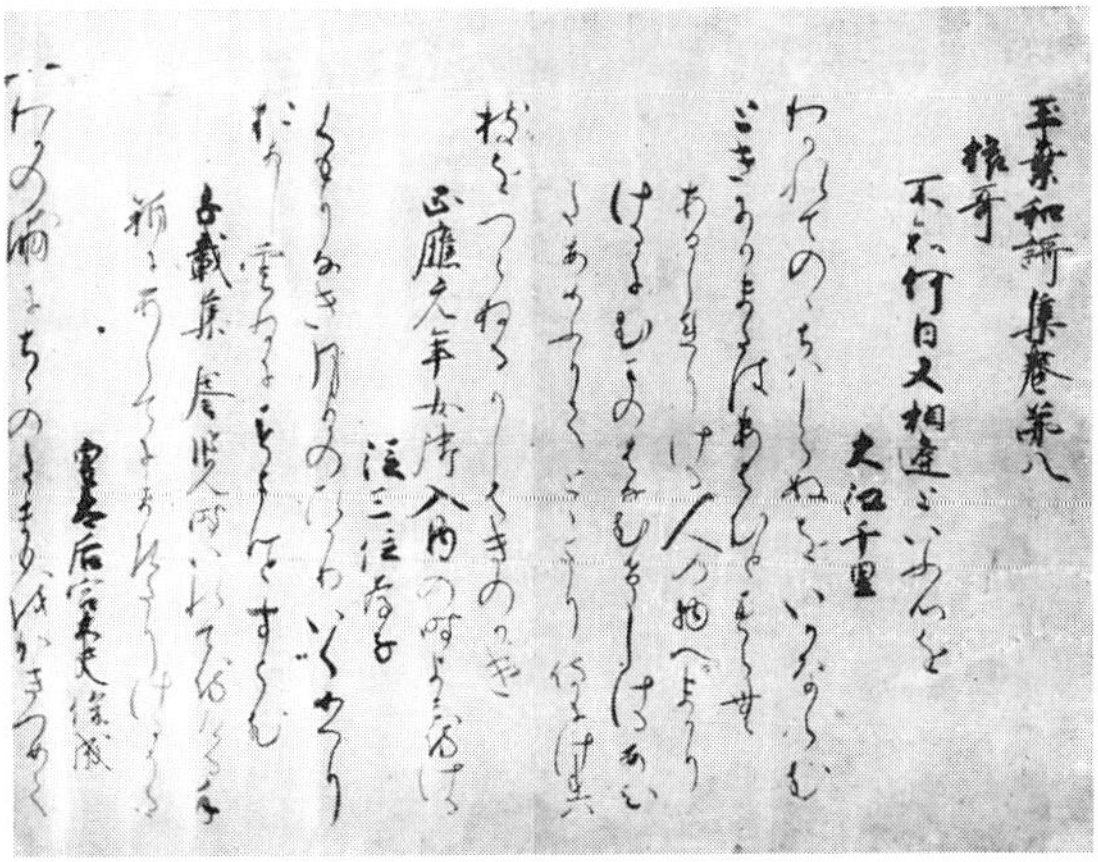

図５　『玉葉集』（個人蔵）

その一つ『風雅集』、これは栄仁の祖父光厳が撰述した勅撰集であり、何よりも貴重なものであったに違いないが、それを最高権力者である義満に贈与したのであった。この事実をまずは確認しておきたい。贈与の時期を推測すれば、「大通院の御時」とあるから、崇光院が没した応永五（一三九八）年以降ということになるだろう。当時の天皇は後小松天皇（永徳二〈一三八二〉年即位）、将軍は義持《よしもち》（応永元年将軍位を継承）だが、義満は、応永十五年五月に没するまで、北山殿として君臨していた。となると、応永二十三年に没する栄仁親王にとって、贈与が可能なのは応永五〜十五年の間ということになろうか。なお、石澤一志によれば、尊円《そんえん》親王筆『風雅和歌集』断簡は、贈られた「正本」の可能性が高いという（『風雅和歌集 校本と研究』勉誠出版社、二〇一四年）。

ここで一つ気になる記録が応永三（一三九六）年三月二十八日にあるので検討しておきたい。一条経嗣《つねつぐ》『荒暦《こうりやく》』に載る記録である。応永三年は、すでに後円融上皇は明徳四（一三九三）年に没して、後小松天皇と足利義満―義持の公武体制が確立していた時期に相当する。いってみれば、明徳三年に南北朝問題を解決し、応永十五年の死まで続く義満の全盛時代である。

一〇万疋の贈与

吉田兼熙《かねひろ》がいうには、三月二十八日、義満は崇光院を訪れ、宴となった。盃数巡した後、宴たけなわとなり、なんと崇光院は義満の盃を取って飲んだのである。前代未聞のことであった。青蓮院門跡一品親王《しょうれんいんもんぜきいっぽん》（尊道《そんどう》）も参会していたが、太上法皇（崇光院）と前太政大臣（義満）の御相撲は未だかつて聞いたことがないといったとか。翌日、義満は、十万疋を崇光院に送った。稀代のご高運、盃一杯が千貫になるか、誠に珍重、末代のことながら、人にはいってはいけないと云々（同年四月五日条、大日本史料による。原記録文）。

なぜこの日に義満は崇光院を訪問したのか、詳しいことは何もわからないのだが、二年後の応永五年一月に崇光院が六五歳で没していることは、なにかしらのヒントになるかもしれない。

この日、崇光院と義満はなぜか異様に意気投合し、盃一杯が一〇〇〇貫（約一億円か。本郷恵子『蕩尽する中世』新潮選書、二〇一二年）になったと兼熙に半分皮肉気味に賞《ほ》められているが、それでは、なぜ義満はかかる贈与をしたのだろうか。気前のよさを示すといにはあまりに巨額である（これは私の認識が誤っている可能性があるが）。

そこで、このように推測することは可能だろうか。将軍位を譲ったとはいえ、義持はまだ一一歳、後小松天皇は二〇歳になったばかりである。そして、崇光院はどうみてもそれほど長くもたない。となると、自分が元気な間に、天皇家を支える伏見宮家を安定させておくこと、これを考えて、一〇万疋の贈与になったのではないか。一方の崇光院も、すでに伏見宮家に天皇位が回ってこないが、将来の期待をかけながら、義満との関係は良好を保たねばならない。それが必要以上に無理やりに意気投合し、それを周囲にも可視的に示すために義満の盃を取って飲むといった暴挙に出たのではないか。この時、崇光院が一〇万疋を期待していたわけではないが、そこは、義満の方が一枚上手だったというべきだろう。応安四（一三七一）年の後円融天皇即位以来、ややギクシャクした伏見宮家との関係を、義満は財政的に支えることで解消したのである。

となると、応安五～十五年に栄仁から義満に進上された『風雅集』の意味がうっすらながら、わかってくるだろう。栄仁にしてみれば、今後とも義満とは友好関係を維持したいという目論見と共に、やはり応永三年の一〇万疋のお返しではないだろうか。とすると、応永五年の崇光院没後まもなくして贈与された可能性が高くなるが、これはあくまで推測である。後段、栄仁は後小松院に名笛柯亭《かてい》を送って御領安堵を図ったが、今回は、将軍との関係をより鞏固にしたかったのであろう。義満の思いは記録には何も残されていなかったが、その意図は十二分に理解しただろう。栄仁・義満の両人は共に相互を必要としていたのである。

栄仁と後小松院——名笛「柯亭」と御領安堵

伏見宮家の相続問題

ここで、応永二十三年（一四一六）まで下ってみる。後小松院・称光天皇、足利義持《よしもち》の時代である。崇光院はすでに応永五年に死去しており、伏見宮家は名実ともに栄仁親王が動かしていた。だが、栄仁は同年十一月二十日に六六歳で死去するのである。ここでは、栄仁の最晩年に起きた御領相続をめぐる問題をみておきたい。残念ながら、書物は登場しないが、書物に代わって、家宝の笛（柯亭）が重要な役割を担う。栄仁息である貞成の日記『看聞日記』には、伏見宮家の財政を揺るがす事件とその解決の過程が詳しく記されている。

同年三月二十三日、冷泉永基《れいぜいながもと》の代理で正永《まさなが》が後小松院御所に参上し、栄仁親王は「老病」の身であり、自分の死後において御領安堵のことが心配でならないので、なんとか後小松院に安堵してもらいたいという要請を行った。

六月二十四日、御領安堵について何の進展もない時、宰相《さいしょう》綾小路《あやのこうじ》信俊《のぶとし》が参上してきた。仙洞《せんとう》（後小松院）御所《ごしょ》の勾当内侍《こうとうのないし》長階局《ながしなのつぼね》（藤原能子《よしこ》）からの情報（おそらく後小松院の意図を示していると思われる）によれば、崇光院から相伝した「天下名物至極重宝」の笛柯亭を、御領安堵のために後小松院に献上してはどうかという提案だった。その返事をもらうために信俊は参上したのである。これを聞いて意見は分かれたが、献上することによって御領安堵は間違いなかろうという意見が多数を占め、献上することに決まった。その意向を勾当内侍に託して後小松院に伝えることになった。さらに、秘曲のことを治仁王（貞成の兄）、貞成王に授け置くべきこともお願いした。とはいえ、名器が失われることは、悲嘆極まりないことでもあった。

六月二十五日、柯亭は勾当内侍の手を通して、後小松院に届けられた。院の感動は深く、これは誰にも譲らないなどとの仰せであった。御領安堵などについても質したところ、近日中にご返事があるとのことであった。まずは珍重すべきであるが、今は、桂地蔵《かつらじぞう》の冥慮《めいりょ》を憑《たの》むのみ。

六月三十日、信俊が院のご返事を持参する。笛を贈られた悦びを述べた後、御領安堵はいうまでもなく室町院（暉子《きし》内親王）の御遺領のことも注進され、院宣《いんぜん》に載せられるだろうとあった。冥慮の至りと感動する。秘曲伝授のことも勅書に載ることになった。そして、伏見宮家に出入りしていたと思われる時衆《じしゅう》勝阿《しょうあ》（生没年、伝不詳）を召して室町院遺領の知行目録を取り整わせた。

七月一日、勝阿が参上し、翌日、室町院御遺領について栄仁親王が談ぜられる。勝阿は室町院御遺領の当家分の知行目録を明日進上することを伝えた。

七月六日、院に御書をもって知行目録を進上することを伝え、この安堵について勾当内侍にも申し合わせる。

八月十二日、院に知行目録などを取り整え進上する。信俊を通して勾当内侍に付ける。

九月三日、室町院御遺領の安堵の院宣来たる。出京していた三位田向《たむかい》経良《つねよし》に頼んでおいた播州国衙《ばんしゅうこくが》弁別納十ヶ郷の御安堵のことも追って注進されることとなった。室町院御遺領は永代御管領《えいだいごかんりょう》との勅裁も載せられている。栄仁親王のご本望が満足したことは珍重である。院宣のことは、院から室町殿（足利義持）にも伝えられた。伏見御所安堵は武家伝奏広橋兼宣《ぶけてんそうひろはしかねのぶ》を通して室町殿に伝え、田向が御書をもって参上した。このことを桂地蔵に立願した。それにしても今日院宣が届いた。桂地蔵のご利生《りしょう》の至りである。仰ぐべきである。

九月十九日、田向が広橋と会談し当所（伏見御所）・僧坊田・室町院領御教書《みぎょうしょ》、計三ヵ状を注し遣った。

九月二十四日、広橋へ室町殿（義持）から招請があり、御訴訟の申次のことを気遣って、広橋へ鱸《すずき》を送る。院から御書があり、播州国衙の院宣は問題がなく、奉行に仰せつけたとあった。珍重である。

九月二十八日、田向が帰参し、京で広橋に書付を渡し、これを披露すべきことを慇《いん》懃《ぎん》に申し伝えた。

十一月二十日、田向が出京し、当所（伏見御所）以下御安堵御判事を室町殿に催促する。広橋に条々仰せられる。広橋が御使として罷《まかり》り出る。栄仁親王薨去。

応永二十四年正月二十六日、田向が出京し、鹿苑院院主《ろくおんいんいん》（鄂隠恵奯《がくいんえかつ》）から室町殿が先日入御し、安堵のことを披露したと伝えた。大慶である。（図書寮叢刊『看聞日記』による。原記録文）

以上、時系列に展開を並べてみたが、老病の身にある栄仁が自分の亡き後に御領・室町院知行分ほか・伏見御所が正しく安堵されるか不安なのは、考えてみれば当たり前であり、それを守る（安堵）するために、最善の策は、後小松院と将軍の安堵であった。

そこで、まず、後小松院対策がとられ、御領安堵のために、名笛柯亭を贈ることになったのである。その時、介在したのが勾当内侍（藤原能子）であり、彼女がいなければ、うまくいかなかったのではないかと思われる。

するとと、後小松院から室町院の遺領の安堵の話が出て、この知行目録を作成し、勾当内侍を介して提出することになった。これも安堵された。そして、播州国衙并十ヶ郷の安堵も追って注進されることになり、室町院遺領は永代管領（この先無期限の領有権）も認められた。こうした院宣は室町殿義持にも伝えられた。

そして、残りは伏見御所安堵である。これは武家伝奏広橋兼宣を通して室町殿に伝えられた。九月二十四日、播磨国衙などの院宣が届き安堵され、栄仁親王死去後の翌年正月二十六日に伏見宮家の家司田向経良が鹿苑院院主から室町殿が御所を安堵したことを聞き、すべて落着した。

人的結びつきと祈願

その間、貞成ほか伏見宮家の面々が一生懸命祈るのは桂地蔵である。「冥慮の至り」という表現が何度か登場するが、彼らは名笛の贈与やさまざまな利害関係を有する人間関係（ステークホルダー）だけでは事はうまく運ばないと信じ、桂地蔵に祈願を捧げていたのである。

とはいえ、自分の財産をいかに子どもたちに確実に譲っていくか、その時、相伝していた名笛柯亭贈与が凄まじいまでの力を発揮したのは、『風雅集』贈与とは次元を異にしているかもしれないが（これは後小松院の指向性・趣向性とも関係する）、押さえておいてよいだろう。財産を安心して相続・保全するために差し出された名笛は、それ自体も巨大な財と等価ないしはそれに近いものと認識されていたのである。結果的に、栄仁はほぼ満足した状態で生を終えたのであった。

義教と貞成——新御所と『玉葉集』

『玉葉集』の献上

時代はさらに下る。足利義持は応永三十五（一四二八）年一月十八日、四三歳で死去する。臨終の間際にこの年で死んでも悔いはないと三宝《さんぼう》院満済《いんまんさい》に語っているが（『満済准后日記《まんさいじゅごうにっき》』）、後継は満済の発案で籤引《くじび》きとなり同母弟、青蓮院門跡義円《ぎえん》が還俗《げんぞく》して将軍義宣《よしのぶ》となり、その後、義教と改名した。義教は義持の八歳下であった。義教と貞成の関係も前掲の横井著書『室町時代の一皇族の生涯』に詳述されるが、ここで注目したいのは、『看聞日記』永享七（一四三五）年八月二十七日条にある記録である。

源宰相（庭田重有《にわたしげあり》）を使者として公方《くぼう》（足利義教）の近習《きんじゅう》権中納言正親町三条実雅《おおぎまちさんじょうさねまさ》の許に行かせる。公方に書状を進めて、この間のお礼を申し上げ、併せて、『玉葉集』正本一合納樽溟溟。奏覧手箱紛失畢。第十七欠。有十九局。定成朝臣筆を進上した。この『玉葉集』は、伏見院以来の相伝秘蔵の本であるが、此度の厚恩に報いるために進上することにした。『風雅集』正本清書。青蓮院二品親王〈尊円〉也。納手箱。殊勝之物也は、先年、大通院《だいつういん》（栄仁親王）が鹿苑院殿（義満）に進上した。両本とも室町殿で所持されているが、手箱を紛失したとか。無念である。『玉葉集』『風雅集』という両代集は相伝し秘蔵していたが、皆、将軍に進上してしまった。（前掲書）

貞成はやや無念さがこもった筆致で最後に残った『玉葉集』を義教に進上したことを記している。だが、相伝秘蔵の『玉葉集』を進上してしまうほどの厚恩を義教から受けたことは紛れないもない事実であった。それは何か。二日前の記録に答えがある。

宴会での話題から

二十五日、貞成は、義教の開いた宴に出席していた。「御雑談の次《ついで》」に義教は、「南朝小倉《おぐら》殿（聖承《せいしょう》）から後朱雀院《ごすざくいん》、後三条院両代之宸筆御記《しんぴつぎょき》二合が進上された。すぐに内裏《だいり》へ進上した」と語ったのである。

まずは聖承のことから説明していこう。正長元（一四二八）年七月一日、南朝後亀山天皇の孫小倉宮聖承は伊勢に出奔《しゅっぽん》し伊勢の北畠満雅《みつまさ》を頼った。満雅は鎌倉府の足利持氏《もちうじ》と内通して、聖承を担ぎ挙兵するも、持氏と幕府が和解し、十二月二十一日に満雅が斬られ敗北が確定する。その後も伊勢で抵抗を続けたが、永享二（一四三〇）年四月二日、満雅の弟顕雅《あきまさ》を幕府が許したので、聖承は帰京した。南朝の正統的後継者による最後の反乱は惨めな形で終わったのである。

なお、南朝の末裔《まつえい》と称する人たちによる反乱の最後は、応仁の乱の際、西軍山名宗全《やまなそうぜん》らに迎えられた小倉宮の末裔と称した岡崎前門主《おかざきぜんもんす》の息子が南帝として担がれたこととなるだろう。だが、その後、状勢が変わり、南帝は結果的に西軍から追放された。やはり惨めな形で終わっている。

さて、敗れた割には無事帰京もできた聖承にしてみれば、義教に対する帰順の証として、帰京の五年後という期間の長さがやや気になるものの、二代の「宸記御記《しんきぎょき》」を差し出したのはわかりやすい行動である。だが、それが憎むべき北朝内裏に献上されるとは聖承は予想していたかどうか。この点、義教の方が聖承に較べてより狡猾であり、より政治的であった。役者が一枚も二枚も上だったということだろう。南朝伝来の貴重な書物が北朝のお宝となったのだ。聖承はここで完全に敗北したというべきだろう。

この辺で、義教主催の宴に戻りたい。「宸記御記」が贈与されたことを聞かされた貞成は、「玉葉集奏覧の正本を所持しております。見参に入れたいことを申し入れます。秘蔵の書物といはいえ、このたびの報謝のために進上したく存じております」と「きと存じて」返答したのだ。「きと存じて」とは「とっさに思って」という意味だから、貞成にしてみれば、聖承による二代「宸記御記」進上の連想で、即座に『玉葉集』進上を思いついたのである。他方、義教にしてみれば、貞成に聖承のことを話したのは、自己の権力を誇示し、しかも、物欲のなさ（二代「宸記御記」を本来あるべき内裏に進上したこと）まで示したに過ぎず（政治的な狙いは隠蔽しているか）、別段、貞成からの何かを狙っての発言ではなかっただろう。

とはいえ、貞成とて、義教ほどではないが、苦労人でもあり、抜け目のなさは一流だった。聖承に負けてなるものかといったつまらない対抗心ではなく、生命ばかりか帰京まで許された聖承がここまでしたのだから、こちらだって、それ相当の「報謝」の証を示さなくてはという思いも「きと」の間に想起されていたかもしれない。

貞成の報謝

それでは、「秘蔵」の『玉葉集』を進上するに価する「厚恩」「報謝」とは何か。それは義教が貞成のために京都の新御所を造営したことを指す。だが、これには、やや複雑な裏事情があった。貞成の息彦仁《ひこひと》が後小松院の猶子となって、後花園天皇として践祚《せんそ》したのは、正長元（一四二八）年七月二十八日（即位は翌年十二月二十七日）である。なお、義教（義宣）が籤引きによって将軍に選ばれ承諾したのは、同年（応永三十五年、四月二十七日に正長と改元）一月十九日であった。つまり、義教政権が成立して間もなく、称光天皇の後継問題が浮上したのであった。義教は彦仁を保護し、後小松院に新帝として指名するように求め、十七日に後小松院の猶子となり、称光天皇が同年七月二十日に死去すると、親王宣下・立太子もないままに、二十八日に践祚となったのであった。

その後、貞成は、伏見にあって、京都に通うということになった。これは、なかなかって面倒であり、経費負担もばかにならない。だが、後小松院（永享五〈一四三三〉年十月二十日死去）は、仙洞御所を貞成には渡さないようにと遺詔《いしょう》していたのである。そこで、義教は一計を案じて、後小松院死去後に、仙洞御所を解体して「一条東洞院内裏近所」（同年八月六日条）に貞成の新御所を立てることにしたのであった。長年、京都に御所を持たなかった貞成としては、裏事情とは関係なく、これは願ってもないことであり、「今度之厚恩」と記述するに適しい快事であったことは間違いない。そこには宮家としての妙なプライドなどはなかった。

『玉葉集』の価値

ここで、貞成が進上した『玉葉集』について記しておこう。伏見宮本『玉葉集』は、次田香澄によれば、能筆《のうひつ》であった筆者世尊寺《せそんじ》定成《さだなり》が永仁六（一二九八）年十二月に死去しているので（岩佐美代子責任編集『玉葉集風雅集攷』笠間書院、二〇〇四年）、京極為兼が永仁年間にものし定成に筆写させた草稿らしいが（『玉葉集』の総覧は、正和元〈一三一二〉年三月二十八日、修訂記事が正和二年十月十五日、十七日に伏見院・為兼が出家しているから、最終段階の成立は、修訂記事の頃と目される。『和歌文学大辞典』古典ライブラリー版、石澤一志執筆）、それはともかくとして、当該書物が吉田兼《かね》右《みぎ》（一五一六～七三）書写『玉葉集』（書陵部蔵、『吉田兼右筆十三代集　玉葉和歌集』笠間書院、一九九五年）の奥書にあることはやや興味を惹く事実となるだろう。

　文明十一（一四七九）年残臘《ざんろう》（十二月）二十日の日付を持つ葉室光忠《はむろみつただ》（一四五一～九三）が記した奥書と兼右の書写奥書の間に、「奏覧正本准后家本巻第十七欠を以て重ねて読み合はせ直し付け訖んぬ。但し此の集奏覧以後少々改めらるるの事之《これ》在るか（奏覧の正本〈准后家本巻第十七欠〉を用いて再度読み合わせ直し付けが終わりました。ただし、この集は奏覧以後に少々改められていることがあるようです）」（原漢文、以下も同じ）とあり、巻一七が欠巻であったこと、および、この時の准后が足利義政《よしまさ》を指すことから、伏見宮本が将軍家に伝持され、光忠がこれをもって校合《きょうごう》したということが判明するのだ。「奏覧以後少々改めらるるの事之在るか」も、奏覧本であることを示しているようだが、本来は、書写者定成の没年からまだ草稿段階の本であった。また、十三代集の場合、本来の完成は、小川剛生も指摘するように返納段階だが（小川剛生『中世和歌史の研究―撰歌と歌人社会―』塙書房、二〇一七年）、少なくとも貞成の認識では、「伏見院以来相伝秘蔵」の「奏覧」本としてあった。だが、本人も「無念なり」と記すように、「奏覧手箱」が「紛失」してしまっていることは、本当に紛失したのかどうかも含めて、この本の本来の姿を暗示しているようだ。

それにもかかわらず、伏見宮本は、その後も奏覧本として認知されていた。これなくしては、この書物の価値は半減し、「正本」とはみなされなくなる。それを足利将軍家が所有していた。ここがポイントとなるのである。

なお、井上宗雄は、義教へ進上する八年前の応永二十七（一四二〇）年六月に細川満元《みつもと》が貞成に証本とするために『玉葉集』『風雅集』の借覧を願い、『玉葉集』を借り出したこと（『看聞日記』六月二十七日条）を記している（井上宗雄『中世歌壇史の研究 室町前期』改訂新版、風間書房、一九八四年）。そして、前述した通り、『風雅集』は、「正本故御所（栄仁親王）の御時、鹿苑院殿（義満）へ進められ畢《おわ》んぬ。今に於て余本無し（正本は故御所の御時に鹿苑院殿に進上されました。今日、他の本はありません）」の状態であり、もう伏見宮家にはなかったのである。

権力と直結する書物

だが、ここでしっかりと押さえておきたいのは、名笛柯亭と『風雅集』『玉葉集』の進上との差異である。

第一に、名笛柯亭贈与については、御領等安堵も宮家存続のためには避けて通れない大事だが、財の問題と限定することも可能であると共に、死を目前にした栄仁の後小松院に対する不信感が進上の根源にある。劣位にある崇光院皇統の嘆きが聞こえてきそうである。とはいえ、こんなことをしなくても、無事御領等安堵がなされていた可能性もあったということだ。いわば、自己の劣位を前提に石橋を叩いて渡った行為が笛進上ということになったのだろう。それだけでも安心できず、桂地蔵に一族で祈ってもいるのではあるが。御領安堵に一所懸命になっている状況が容易に想像できる。

第二に、『風雅集』『玉葉集』の進上は、お礼（一〇万疋・新御所）のお返しである点で共通する。これは存外大きな意味を持つとはいえ、両書の進上は、単なるお返しを超えた意図をみることが可能ではないか。まず、一〇万疋を贈与した義満にとっては公家・武家のトータルバランス維持の策であるものの、他方、『風雅集』を義満に進上した栄仁にとっては、皇統は現在のところ将来にわたってこちらに回ってこないとはいえ、崇光院亡き後の伏見宮家安定・維持に尽くしてくれた義満への感謝と将来の皇統への期待をこめたものであったと読めるのではないか。次に、『玉葉集』を義教に進上した貞成にとっては、息子の彦仁はすでに天皇（後花園）であるが、その父親として相応しい御所となると、やはり、それは単に京に新しい家ができたというのとは異なるだろう。自己の存在の公的性格を場所として示しうる場の確保であり、伏見宮家の全面復活を象徴的に示す存在そのものだからである。両書の進上には、御領安堵を超える正統性への希求をも読み取ってよいのではないだろうか。ほかでもない、伏見宮家が伝領してきた持明院統の二大勅撰集をこともあろうに将軍に進上するのであるから。

さらに、義教の事情を推測すれば（義満については前述通りに推測したが、『風雅集』の位置付けについては不明というしかない）、事実上最後の勅撰集となった『新続古今集《しんしょくこきんしゅう》』は、父義満時代の復活を目指す義教の執奏《しっそう》によるものである。義満には『風雅集』、自分には『玉葉集』、こうした進上が義教の権力の正統性をより強化かつ荘厳《しょうごん》したことはまず間違いあるまい。現に義教は、二代「宸記御記」と異なり、『玉葉集』を手元に置いていたのである（「総覧手箱」はどこかで紛失したらしいとはいえ）。

秘蔵の重宝とされる書物は、莫大な財との交換ないしは代替価値を有するものだが、しかし、それだけではなく、竊《ひそか》にあるいは公然と権力および権力の正統性と直結していたのであった。

一条兼良『源語秘訣』の変遷

一条兼良の知のあり方

無双の才人

八〇歳で死去した際、「日本無双の才人」（中院通秀《なかのいんみちひで》『十輪院内府記《じゅうりんいんないふき》』）、「和漢の御才学比類無し」（中御門宣胤《なかみかどのぶたね》『宣胤卿記』）、「本朝五百年以来此の殿程の才人御座有るべからざるの由」（大宮長興《おおみやながおき》『長興宿禰記《ながおきすくねき》』）と称された一条兼良《かねら》（一四〇二～八一）という摂関家の貴族がいた。一条家だが、やはり大学者であった二条良基《よしもと》の孫にあたる。兼良の父経嗣《つねつぐ》は良基の三男に当たるが、一条房経《ふさつね》の養子になったことによる。

たしかに才学は尋常ならざるものがある。一例を出しておこう。兼良が編んだ連歌《れんが》用語集に『連珠合璧集《れんじゅがっぺきしゅう》』（一四七六年）があり、連歌用語九〇七語を四一項目に分類した。たとえば「山」で示せば、

山とアラバ

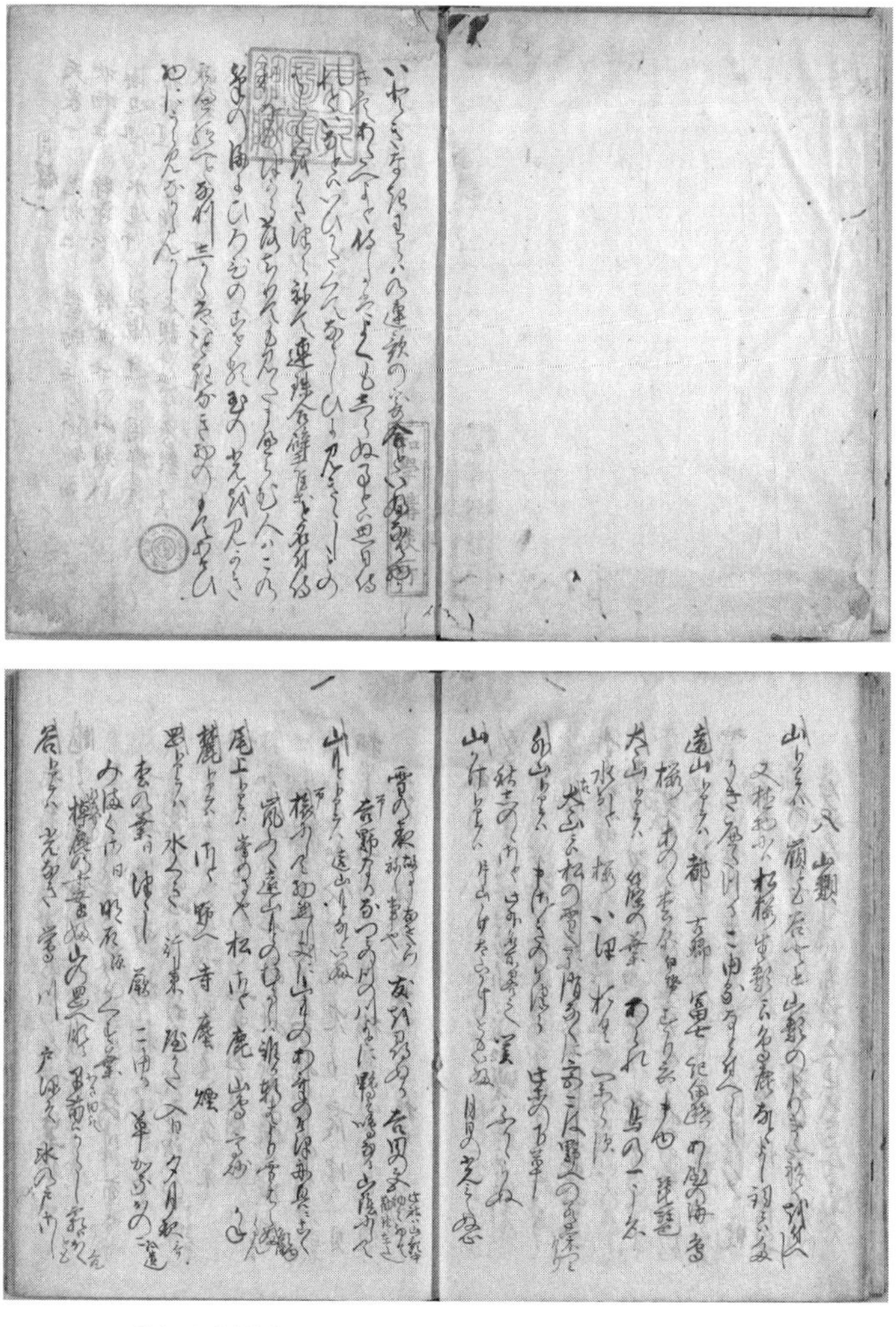

図６　『連珠合璧集』序文・「山とアラバ」（国立国会図書館所蔵）

嶺《みね》とも谷とも山類のよりきたれるを付《つく》べし。又植物には松桜、生類には鳥鹿などよし。詞には、たかき・へだつる・こゆるなど付べし。（『連歌論集一　中世の文学』三弥生書店、一九七二年。以下同じ）

とあるように、それぞれの用語ごとに「寄合《よりあい》」（連歌において前句の言葉と関連性の強い言葉をいう）となる言葉を載せている。ここでは、まず一般的に「嶺・谷・山の類に連想する物を付けよ、植物では松・桜、動物では鳥鹿でもよい」といってから、次に具体的な詞として、「たかき・へだつる・こゆる」が山に付くとしている。一般論→具体論という展開は近代人にはわかりやすい構図だが、こうした叙述が蜿蜿《えんえん》と九〇七語について繰り返されるのである。

九〇七語の寄合詞

だが、序文において、兼良は、何食わぬ顔をして「いときなきわらはの、連歌の寄合といふなる物かきてあたへよと侍《はべり》しかば、よくもしらぬ事とは思ひ侍れど、いなとはいなびがたくて、なまじひに見き、しことのはしぐ〳〵を書《かき》つらねて、連珠合壁集と名付《なづけ》侍り（幼い子どもが連歌の寄合という物を書いてくださいとございましたので、よくも知らないことなのにと思いましたが、駄目だとは断りにくくて、無理矢理に見聞したことの端々を書き連ねて連珠合壁集と命名しました）」と述べているのだ。「なまじひに見き、しことのはしぐ〳〵を書つらねて」では、通常の場合、九〇七語という数にはならないはずであるから、これは謙辞《けんじ》（あるいはひっくり返した自讃）だと捉えるべきだろうが、それにしても、九〇七語という数が現存する連歌「寄合書」中最大であることは、兼良の知＝才学を考える時に無視できないだろう。

なぜなら、松本麻子「寄合と寄合書」（『連歌文芸の展開』風間書房、二〇一一年）によって、寄合書の語数を並べてみると、『連珠合璧集』の語数が飛び抜けて多い事実が判明するからである。『連珠合璧集』以前では、最古の寄合書である『連証集《れんしょうしゅう》』（鎌倉末期）一六八語、『禁好《きんこう》』（一三七五年）九〇語、大東急記念文庫本『連歌寄合』（一四七三年）一二二語、そして、『連珠合璧集』以降となると、『連歌作法』（一四八九年）八五語、『宗祇袖《そうぎそで》下《した》』（宗祇、一四八九年以前か）八二語、『宗長歌話《そうちょうかわ》』（一四九〇年）八語、『連歌寄合』（恵《え》俊《しゅん》、一四九四年）四一九語、『連歌付合の事』一三一語、『闇夜一灯《あんやのいっとう》』（宋牧《そうぼく》）八三語（『宋《そう》養《よう》三巻集』〈一五九四年以前〉八八語とほぼ同内容）、『連歌作法書』（細川幽斎《ゆうさい》、一五七九年）一八七語ということになる。

『連珠合璧集』は、連歌師の作ったものでは最大語数の『連歌寄合』の二・一六倍もの語数を誇っているのである。他の寄合書は、おおむね八〇〜二〇〇語の間であるから一一〜四・八五倍となる。いやはやというべきであろうか。さらにいってしまえば、『連珠合璧集』は実用のレベルをはるかに超えた前代未聞の連歌寄合詞集成ということだろう。

こうしてみると、兼良の知のあり方には、現代のマニアやオタクに近い、関心対象を捉える際の網羅性や徹底性があることがわかってくるだろう。

狐とハリネズミ

政治思想史家アイザイア・バーリン（一九〇九〜九七）によれば、「狐はたくさんのことを知っているが、ハリネズミはでかいことを一つだけ知っている」という古い詩句から、トルストイは、自らが狐だと深く自覚しながらも、他方でハリネズミでもあろうとしていたと。いうまでもないが狐の知とハリネズミの知は絶対的に矛盾する。だが、この矛盾が結果的に驚異的な作品である『戦争と平和』を生み出したと説いたのである（アイザイア・バーリン『ハリネズミと狐―『戦争と平和』の歴史哲学―』岩波文庫、一九九四年）。となると、兼良の知は狐の典型例だといえるのではないだろうか。

ここでは、連歌寄合書を例に挙げてみたが、多作だった兼良には、古典注釈だけでも、『日本書紀纂疏《にほんしょきさんそ》』（『日本書紀』）、『花鳥余情《かちょうよせい》《よじょう》』（『源氏物語』）、『古今集童蒙抄《こきんしゅうどうもうしょう》』（『古今和歌集秘抄』『古今集秘抄』『古今秘抄』とも）（『古今集』）、『伊勢物語愚見抄《いせものがたりぐけんしょう》』（『伊勢物語』）があり、いずれも、注釈や論の前提として儒教・仏教・道教（日本では、神道となる）という三つの宗教・思想が実は同じものだと説く三教一致論《さんきょういっちろん》があること、さらに、宋学《そうがく》＝朱子学に対する造詣も相当のものであったことがあげられる（兼良による『四書童子訓《ししょどうじくん》』

〈四書というものの、残っているのは『大学』のみ〉を参照されたい）。

当時にしては最先端の思想を基底に据えたうえで、網羅的な注釈内容と兼良以前の注釈に対する批判的態度が徹底している。加えて、室町期に一人で右記四作品をすべて注釈したのが兼良のみだという重い事実がある。今、これらの作品すべてを細かくみる余裕はないけれども、ともかく、兼良なる五〇〇年に一人の大学者が我々の普通に考える知の巨人のイメージとはいささかどころか、まったく相貌を異にする人間であることを改めて確認しておきたい。

以下で扱うのは、かかる知の持ち主であった兼良が『源氏物語』注釈の秘説を記した『源語秘訣《げんごひけつ》』という小さな書物と、そこに記された知を得ようとするさまざまな人間の学問的野心の物語である。

兼良の『源氏』注釈――『花鳥余情』と『源語秘訣』に至るまで

兼良による講義

一条兼良と『源氏物語』との関係は、講義（談義《だんぎ》）と注釈である。まず、講義では、文安元（一四四四）年三月に自邸で『源氏物語』講義をしているが、寛正二（一四六一）年十一月には、二日から宮中での講義（進講《しんこう》）が開始され同四年七月まで続けられている。

そして、応仁の乱後の文明十（一四七八）年四月十日から断続的に十一月四日まで自邸で講義が行われている。乱の最盛期（応仁二〈一四六八〉年〜）には奈良に避難していた兼良だったが、文明九年にようやく京都に戻ってきたのである。翌年から早速講義をしている。とにかく勉強熱心であり、自説を語るのも好きだったからだろう。

和語と漢語、和語と和語

他方、古典注釈はとなると、まずは『源氏和秘抄《げんじわひしょう》』（一四四九年か）がある。これは言語論的な意味合いにおいて革命的な著作であった。兼良にとって源氏研究の最大のライバルは前代における『源氏物語』注釈の集大成四辻善成《よつつじよしなり》編『河海抄《かかいしょう》』（貞治年間の前半〈一三六二〜六四年〉）であった。『河海抄』は、『源氏物語』に登場する言葉に対して、桐壺《きりつぼ》巻の「めざましきものに」を以下のように注釈する。

めざましきものに　暁目覚草也見二万葉一　奥入水原抄等ニ
載レ之不審也　案レ之此義別事也　詩作ニ二冷眼ニ一此心也　譬《たとえ》ハ
冷ク見エタル也　ソネミタル様ナル心也（九曜文庫旧蔵、現早稲田大学図書館
本による）

まず、『万葉集』にみえるとして、「暁目覚草也」という説を出す。だが、これは藤原定家の『奥入《おくいり》』、源光行《みつゆき》・親行《ちかゆき》父子の『水原抄《すいげんしょう》』（佚書）などにも載せるが、不審である。善成の考えでは、この言葉の意味はこれではない。『詩経《しきょう》』に冷眼という言葉があるが、これがこの言葉の意味である。たとえてみると、冷たくみえることであり、嫉《そね》んでいるような意味であるとした。

『河海抄』の原則は、和語を漢語で説明する。ここでは、「目覚草」ではなく、「冷眼」

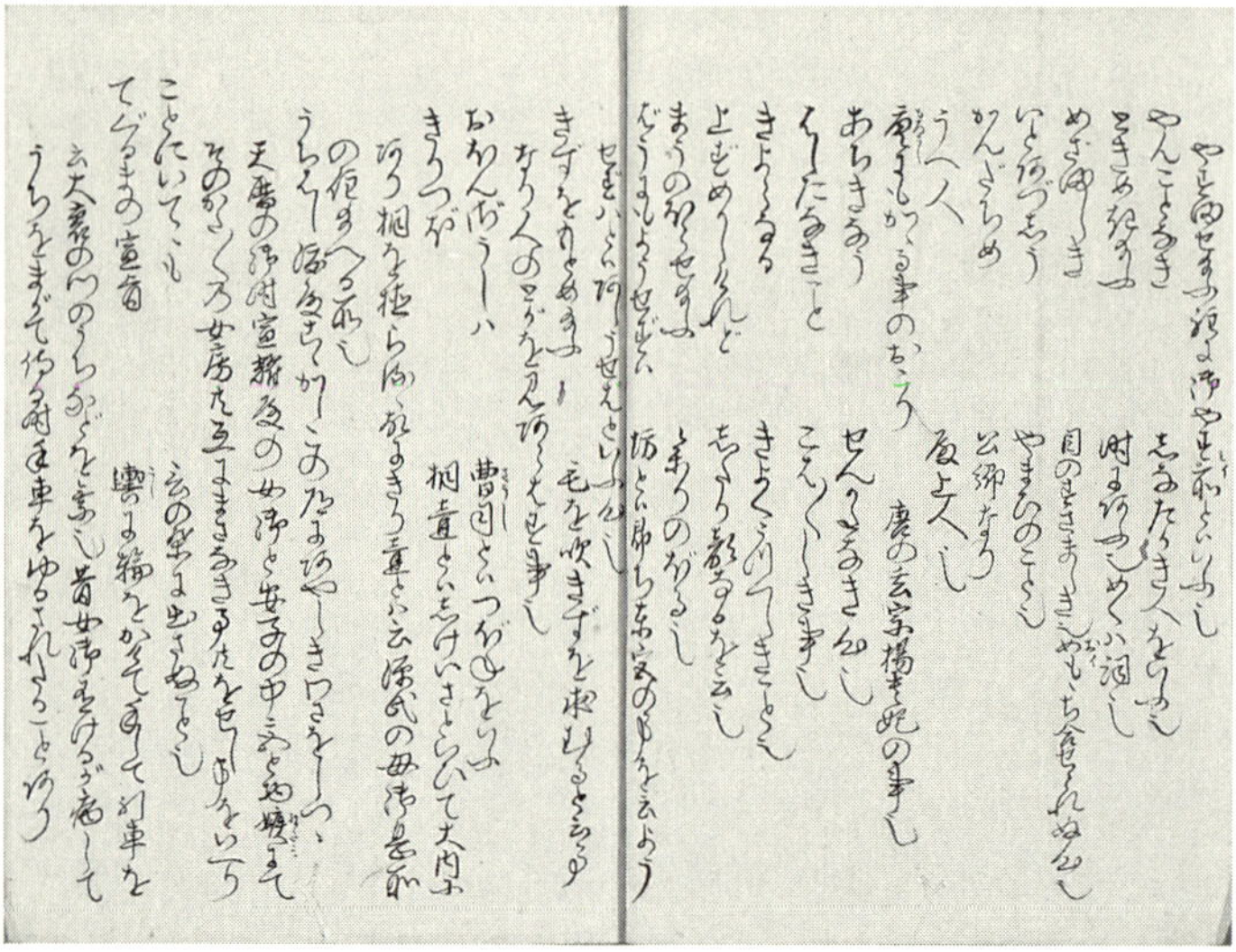

図７　『源氏和秘抄』「めざましき」の部分（早稲田大学図書館所蔵）

であるとするのがそれである。そして、「冷眼」を和語でたとえるのである。和語を外国語である漢語で説明することによって、読者は二つの言語の差異から言葉の意味を明確に理解するということである。「やま」を「山／mountain」と説明するのと同じである。したがって、「譬ハ（譬えば）」以下の和語は文字通り比喩に過ぎない。

だが、『源氏和秘抄』は異なる。同じ語を挙げてみよう。

めざましき　目のすさまじき也
め《おイ》も、ち合はせられぬ心也（九曜文庫旧蔵、現早稲田大学図書館本による）

「めざましき」に対して、「目のすさま

じき也」と説明する。『河海抄』の「冷ク見エタル也」が影響しているのは確実だが、その後、「おも〻ち（面持ち）合はせられぬ心」としているのは、「目のすさまじき」が、顔を合わせられない意味であると捉えているからである。どうみても、『河海抄』の「ソネミタル様ナル心」の方が文脈《コンテクスト》上も的確なのだが、この語釈の是非について今は議論しない。問題は、和語の語釈を和語でしたらどうなるかということだ。「めざましき」が「目のすさまじき」というように、ほぼトートロジー（同語反復）になってしまうのである。ということは、『河海抄』が示したように、和語と漢語が別々の言語だから語釈というものが成立するということである。

それでは、なぜ兼良はこんなことを考えるのか。三教一致説を兼良流に解釈・敷衍《ふえん》すれば、梵語《ぼんご》＝漢語＝和語となる。つまり、和語と漢語は対等かつ等しくなるのだ。よって、これ自体論理的にはおかしいのだが、和語を和語で説明することになんら問題がないということになるのである。こうした兼良の知のあり方は当時の他の学者とはやはり異なっており、独自的である（拙稿「和語を和語で解釈すること―一条兼良における注釈の革新と古典的公共圏―」『文学』九―二、二〇〇八年）。

次に、兼良は光源氏の年譜である『源氏物語年立《げんじものがたりとしだて》』（一四五三年）を作った。年立そのものは今川範政《のりまさ》（一三六四〜一四三三）の『源氏物語提要《げんじものがたりていよう》』にも登場するが、兼良制作の『源氏物語年立』は、三〇〇年以上下った江戸時代中期に本居宣長《もとおりのりなが》が修正版『源氏物語年紀考《げんじものがたりねんきこう》』を出すまでは決定版であった。それほど完成度が高かったのである。こうした作業が『連珠合璧集』に通ずることは改めていうまでもない。

『源氏物語』の全体を把握

また、範政などの例外者を除いて、当時、『源氏物語』は通しで読むものでもなかった。毎年正月になると縁起をかついで初音《はつね》巻から読んでいたのである。だから、巻と巻の関係はそれほど気にしていなかったと思われる。しかし、兼良の『源氏物語年立』が出ることによって、読者ははじめてといってよいくらい、『源氏物語』全体をみる視点が生まれたのである。

『花鳥余情』の完成

そして、文明四（一四七二）年に『河海抄』を乗り越えるべく記された『花鳥余情』が完成する。その時、兼良は奈良に避難しており、すでに七一歳となっていた。『花鳥余情』は、通常、語彙《ごい》の意味レベルを超えた文脈的説明（残念ながら誤読と思われるものも多くあるが）が新しさとして強調されるけれども、同時に三教一致説が全面的に開化した作品なのである。

兼良は、『花鳥余情』の序文で、『源氏物語』を「我国の至宝」とする。その理由は、現代風の〝世界に誇る『源氏物語』〟というのではまったくない。それは三教一致説が作品に内在化しているからである。

『花鳥余情』には、注釈として漢籍や仏典の引用がそれなりにある。ここで「引用」といったが、これはあくまで通常の理解である。だが、兼良はそのように理解しない。『源氏物語』にはすでに宋の黄山谷《こうさんこく》（一〇四五～一一〇五、『源氏物語』以後の人である）の詩句や『法華経《ほけきょう》』の教えが内在化しており、それを私兼良が指摘し抽出しているという理解なのである。要するに、『源氏物語』を読めば、三教一致の世界をそのまま受容できるのだ。ゆえに「我国の至宝」となるのである（拙稿「三国の変貌―普遍と個別の反転現象をめぐって―」『古典論考―日本という視座―』新典社、二〇一四年）。

また、このことは『河海抄』にもいえることだが、『花鳥余情』も『源氏物語』の傍らにおいて、『源氏物語』を読みながらわからないところを参照するといった類いの注釈書ではない（こうした注釈書の祖は三条西実隆《さんじょうにしさねたか》〈一四五五～一五三七〉が能登の守護畠山義総《はたけやまよしふさ》〈一四九一～一五四五〉のために作った『細流抄《さいりゅうしょう》』からとなるだろう）。そうではなく、源氏学の研究書という言い方がふさわしい。

たとえば、「初音」巻で蜿蜿と展開される「歯固め」記事を真面目に読んでいると、『源氏物語』のことなどは忘れてしまうのではないか。兼良にとっては、『源氏物語』に記される「歯固め」のような有職故実《ゆうそくこじつ》的な知は、現在失われた輝かしい王朝世界の証であり、三教一致と共に重視されていたが、それらの忠実な再現と考察が、より意味がある行為とされたのである。むろん、『河海抄』の叙述を超えたいという野心もあったのだが。

以上、兼良の『源氏物語』注釈をみてきたが、ここから『源語秘訣』に入りたい。

『源語秘訣』とは何か

『源語秘訣』は、『花鳥余情』に記されていない秘説が記されているものである。そして、これには前例があった。まずは、鎌倉期の源光行・親行『水原抄』に対する『原中最秘抄《げんちゆうさいひしよう》』、次に、南北朝期の四辻善成『河海抄』に対する『珊瑚秘抄《さんごひしよう》』である。

これは岩坪健『源氏物語古註釈の研究』（和泉書院、一九九九年）が指摘するように、「二段階伝授」を示すものである。つまり、弟子入りしたものに最初に与えられるのが『水原抄』なり『河海抄』なりであり、師匠の認める最高段階に達した弟子に限って、秘説としての『原中最秘抄』や『珊瑚秘抄』が伝授されるのである。「最秘」や「秘抄」を持つ書名も両書が秘説であったことを確実に物語っている。

なぜ秘説を記したものが作られるのか。結局は、弟子養成と門流の固有の説である家説《かせつ》の維持のためであろう。秘説まで伝授されることによって、弟子は家説を信じ、精進するのである。と同時に、当時の世界観である「顕《けん》と密《みつ》」、言い換えれば、世界は、目に見える多元的現実世界＝顕と、目に見えない一元的観念世界＝密という二つの世界によって構成されているという世界観に従って、注釈における顕（『水原抄』『河海抄』）と密（『原中最秘抄』『珊瑚秘抄』）に区分したということでもある（拙稿「顕と密―日本中世の基軸―」『国語と国文学』九二―八、二〇一五年）。顕と密は、顕教・密教と同様に、通常、顕≦密の関係となるから、おおむねは密の価値がより高くなる。こうして秘説が貴ばれ、著者や家説の権威をいや増しに上げていくのである。

顕と密

兼良の『源語秘訣』も『原中最秘抄』『珊瑚秘抄』を倣ったとみてほぼ間違いない。兼良の奥書《おくがき》によれば、文明九（一四七七）年に著述を終えているから、『花鳥余情』完成の五年後である。

内容は、『花鳥余情』で「別にこれを注すべし」などと指摘される、『源氏物語』の不審の箇所について旧説（『河海抄』など）を批判しつつ、新たに自説を論じたものである。いってみれば、顕教の『花鳥余情』と密教の『源語秘訣』の二つが合わさって兼良の源氏学の全貌が立ち現われるという仕掛けになっているのである。そして、後者の『源語秘訣』は秘伝書でありながらも多様な形で書写され、近世になると、ついに公開が原則の板本になってしまった。むろん、多様な伝本が生まれたのは、最高権威であった兼良が叙述した

『源氏物語』の秘説を、多くの人たちが知りたかった結果に他ならない。

以下、次節では『源語秘訣』伝本の奥書を分析することによって、この書物に関わったさまざまな人間たちの関係や流れをみていきたい。そこには、将軍・摂関・貴族・将軍・武将・武士・連歌師、室町期から近世初期にかけて古典を担った人たちが大かた登場する。これまた書物と権力（権威を含む）をめぐる壮大なネットワークの構図である。

正統的「古典学者」と『源語秘訣』

藤孝自筆本―兼良・冬良・実隆・藤孝

熊本大学付属図書館に寄託されている永青文庫《えいせいぶんこ》には、細川藤孝《ふじたか》（幽斎《ゆうさい》）自筆の『源語秘訣』の写本がある（整理番号一〇七―三六―九、列帖装《れっちょうそう》、薄様《うすよう》、紺表紙、縦一八・五×横一四・七センチ、一面八行書き、二九丁、遊紙《あそびがみ》一丁）。本書には、写本に多くみられる、著者一条兼良の本奥書（A）、それを写した三条西実隆の本奥書（B）と、両者を写した藤孝の書写奥書（C）という三種の奥書が付されている。以下、掲げてみたい。

A、唯伝一子の書也不可出閫
外付嘱中納言中将了
文明九年二月吉日

B、本云

老衲覚恵草名

此一冊密々以懇望申請左大将《冬良本》家本

後成恩寺自筆書写之縦雖為親昵之人曽

以不可免披見之由懸　春日大明神

住吉玉津嶋等明神所相誓也永可

存此旨者也

文明十八年四月廿四日

正三位行権中納言兼侍従藤《卅二オ》原朝臣判

一校了

C、此抄号源語秘訣於三光院殿右

奥書之御本逍遙院殿御筆拝覧之

時強而申請之書写校合畢。

尤彼物語之極秘何物如之哉

併守御奥書之旨堅禁他見矣

天正十年八月五日

　　　　　　　　兵部侍郎藤孝（花押）

A兼良奥書から内容を検討したい。

冒頭、「唯伝一子の書也（唯《た》だ一子に伝ふるの書なり）」と宣言されるように、一子、即ち、「中納言中将」（冬良《ふゆら》〈一四六四～一五一四〉）以外には伝授されないことが基本姿勢であった。ここから、『河海抄』を十分に意識しつつ「のこれるをひろひあやまりをあらたむるは先達のしわざにそむかざれば、後生のともがらなんぞしたがはざらむや（先達の漏れているものを拾い、先達の誤りを改めるという私の方法は先達の業績には背くものではないので、私の跡に続く人たちもどうして私の態度に従わないことがあろうか）」（『源氏物語古註釈叢刊』本に句読点・濁点を付した）と述べて、ある意味で、公開性が前提となっている『花鳥余情』とはおよそ対蹠《たいせきてき》的な態度がみられよう。つまり、『源語秘訣』は、兼良がその内容を外部に秘匿して一子だけに伝える一条家の秘説、すなわち、「不可出閫（家の外に出してはいけない）」という非公開性＝秘密性が原則となっている書物なのである。

一子相伝の書物

密かに書写

それにもかかわらず、B実隆奥書によれば、三条西実隆は、「密々に懇望を以て（密かに懇望して）」「左大将家（冬良）」にある兼良自筆本を「申し請ひ」、許されて「書写」しているのである。書写が行われた文明十八（一四八六）年当

図８　三条西実隆（二尊院所蔵）

時、冬良はまだ健在であるから（一五一四年没、五一歳）、実隆が直接冬良に依頼したのだろう。ということは、冬良は親の遺訓を破って実隆にみせたということになる。

冬良の意図はどうであれ、秘伝書を書写しようとした実隆の意欲（むろん、そこには、兼良源氏学への敬慕、兼良の秘説に対する探究心、さらに、そこを踏まえながら自身の源氏学を確立したい学的野心もあったに違いないが）は、「縦《たと》ひ親昵《しんじつ》の人たりと雖《いえど》も、曽《かつ》て以て免じ披見《ひけん》すべからざるの由、春日大明神住吉玉津嶋等明神に懸けて相ひ誓ふ所也（たとえ親しい人であっても、決してみせないことは春日大明神《かすがだいみょうじん》・住吉《すみよし》・玉津嶋《たまつしま》に懸けて誓うところである）」という起請文《きしょうもん》が端的に示しているように、切実であり、そして、兼良同様、実隆も誰にもみせないと氏神としての春日、和歌の神としての住吉・玉津嶋に誓って宣言している。ただし、ここで「唯伝一子の書」という一条家内部、言い換えれば、家の限定は崩壊し、「親昵の人」という交流圏に対する制限に変貌している。小さいが重大な変更は見落とすことはできないだろう。

書写の反復

そして、C幽斎奥書には、実隆が書写した九六年後の天正十（一五八二）年、織田信長が明智光秀に本能寺で討たれてから約二ヵ月後の八月五日に、今度は、細川藤孝が実隆の孫実枝《さねき》（「三光院」）のもとで実隆自筆（「逍遙院殿御筆」）の『源語秘訣』を「強《し》ひて之を申し請ひ書写 校合《きょうごう》し畢《お》へ（無理にお願いして書写・校合を終え）」ていることが明らかにされている。

図9　細川藤孝（天授庵所蔵）

藤孝は、信長没後、剃髪《ていはつ》し、幽斎玄旨《げんし》と号する（天正十三年に二位法印に叙せられた）。出家の時期は、森正人による詳細な考証によれば、「天正十年八月以降、同十一年六月以前」である（森正人「幽斎の兵部大輔藤孝期における典籍享受」森正人・鈴木元編『細川幽斎―戦塵の中の学芸―』笠間書院、二〇一〇年）。だから、剃髪の直前に書写したとみてよいだろう。信長の死とその後の秀吉による覇権確立という政情不穏な折に、わざわざ書写している（否、その間隙を狙ったか）藤孝の向学心には並々ならぬものを覚えるものの、そこには、当時において古典学の泰斗《たいと》と尊崇された兼良がものした『源語秘訣』に「物語の極秘、何物を之に如《し》かんや(『源氏物語』の極秘については、何物であってもこの本に及ぶものはない)」という認識がまずあり、それを兼良と並ぶ古典学者であった実隆が書写しているゆえに絶対的価値を帯びる書物であるという藤孝の確信があったからに他ならない。

藤孝も「併《しか》しながら御奥書の旨を守り堅く他見を禁ず(とはいえ、御奥書の趣旨を守り他見は禁ずる)」と述べているように、ここでは奥書の旨を守るということで秘密を保持することを誓っている。秘密を守るといいながら、自分は書写しているのであるから、タブーの侵犯とタブーの保持という相矛盾する行為、加えて、矛盾を露呈させないための自身と後代に対する秘密厳守、これらが秘伝書を細き流れといいながらも書写を反復させていく基本的な原理ではなかろうか。こうして、兼良の秘説は隠蔽されつつも藤孝まで辿りついていった。

藤孝が写した実隆自筆本

さらに驚くべきことは、学習院大学に、藤孝がみて写した実隆自筆の『源語秘訣』(三条西家旧蔵本、整理番号B一一四、列帖装、表紙鳥の子、本文薄様、縦八・二×横一一・九センチ、一七丁、墨付一六丁、ほぼ一面一四行書き)原本が蔵されていたことである。外題《げだい》が『秘々』(内題『源語秘訣』)と直書され、四《よ》つ半本《はんぼん》の縦が半分くらいの小冊である。花押・筆跡から実隆自筆本に間違いなく、また、そのためか、兼良本奥書・実隆奥書は藤孝書写本と表記においてことごとく一致する（兼良本奥書にある「唯伝一子の書也」の「の」字の表記に至るまで。他の伝本は「之」を用いる）。

実隆自筆本で気になるのは、前述のように、書物の形状・法量があまりに小さいことだ。やはり学習院大学が蔵している三条西家旧蔵『珊瑚秘抄』も「縦約八二ミリ、横約一七三ミリの列帖装横細の小冊」であること、実隆自筆本『源語秘訣』の外題が『秘々』であることを重ね合わせるなら、秘伝書の法量はいずれ検討に値する問題となるだろう。他方、藤孝自筆本は、だいたい四つ半本の大きさであり、実隆自筆本と較べると、通常の形状である。法量の肥大化、それは秘伝書が秘伝書でなくなっていく過程と読み取れる現象なのかもしれない。

以上、兼良→（冬良）→実隆→（実枝）→藤孝という『源語秘訣』書写の流れが確認できた。それは、言い換えれば、室町から近世初期にかけての古典学の正統派といってもよい伝流である。

中院通勝の奥書 ——実隆・中院通勝・浅井左馬助

次に、中院通勝《なかのいんみちかつ》（一五五八～一六一〇）の奥書を持つ伝本である。天正八（一五八〇）年六月、宮女との密通の廉《かど》で勅勘《ちょっかん》の身となり、丹後に逐電《ちくでん》した中院通勝は、当地を治める藤孝を頼り、師弟関係を結んで身を寄せた。そして、勅勘が許される慶長四（一五九九）年まで両人の間には学芸をめぐる表裏一体ともいえる関係が構築されたのである。慶長三年に完成した『岷江入楚《みんごうにっそ》』という中世源氏学の集大成（諸注集成）はその成果に他ならない。

そこで、中院通勝の奥書を持つ伝本をみておこう。細川藩の支藩宇土《うど》藩の蔵書である九大細川文庫本『源語秘訣』（中野幸一旧蔵、早稲田大学図書館本〈『源氏物語古註釈叢刊　第二巻』に翻刻〉も同系列）がそれである。これは、兼良→実隆→通勝という奥書を持つが、師かつ盟友である藤孝はそこには入っていないのだ。九大本によって通勝の奥書を挙げておく。

此秘抄往年以件奥書之本書写校合之而今源孝子浅井左馬助所望
之間　終源氏物語一部講席之功後感其懇志附而（早稲田大本では「与」）此別勘、是為
補愚之短才也矣
也足叟在判
慶長戊申仲秋十一日

これによれば、通勝は、「往年件《くだん》の（実隆の）奥書の本を以て書写校合（かつて実隆奥書の本をもって書写・校合）」したが、今（慶長戊申＝慶長十三年）、「源孝子浅井左馬助」がこれを所望したので、『源氏物語』の講席が終わった後、浅井（「浅井」については後出）の「懇志《こんし》」に感じ、「附而」の箇所が文意不明だが、早稲田大学図書館本で補えば、「附与《ふよ》」

したという意味になろう。「愚の短才を補ふ為也（己の愚才を補うためである）」とはむしろん通勝の謙辞だが、『源語秘訣』がおいそれとは書写できないテクストであることもほんのりながらも暗示しているのではないか。

通勝の伝と著述活動については、井上宗雄「也足軒・中院通勝の生涯」（『国語国文』四四八、一九七一年）、同『中世歌壇史の研究　室町後期〔改訂新版〕』（明治書院、一九八七年）、および、井上著書を受けてより深めた日下幸男『中院通勝の研究』（勉誠出版、二〇一三年）が最も高い学的レベルを達成している。井上は、右記論文において、この奥書を根拠にして、通勝は水無瀬《みなせ》において『源氏物語』の講義を行い、講義が「終功」（終了）したのは八月ではあるまいかと推定している（日下著「年譜」には記述がない。推定ゆえであろう）。この推定は、後述する長坂成行とほぼ変わらない。

また、通勝奥書本の伝来について、実隆の本奥書の末尾が九大本では、

正三位行権中納言兼侍従藤原朝臣判
　　右逍遥院也卅二才
　一校之了（早稲田大本では「一校了」）

となっている事実に眼をとめておきたい。「藤原朝臣」が「逍遥院（実隆）」と注記され、その下に藤孝自筆本では、署名の右側に付されていた「卅二才」が「逍遥院也」の下に書

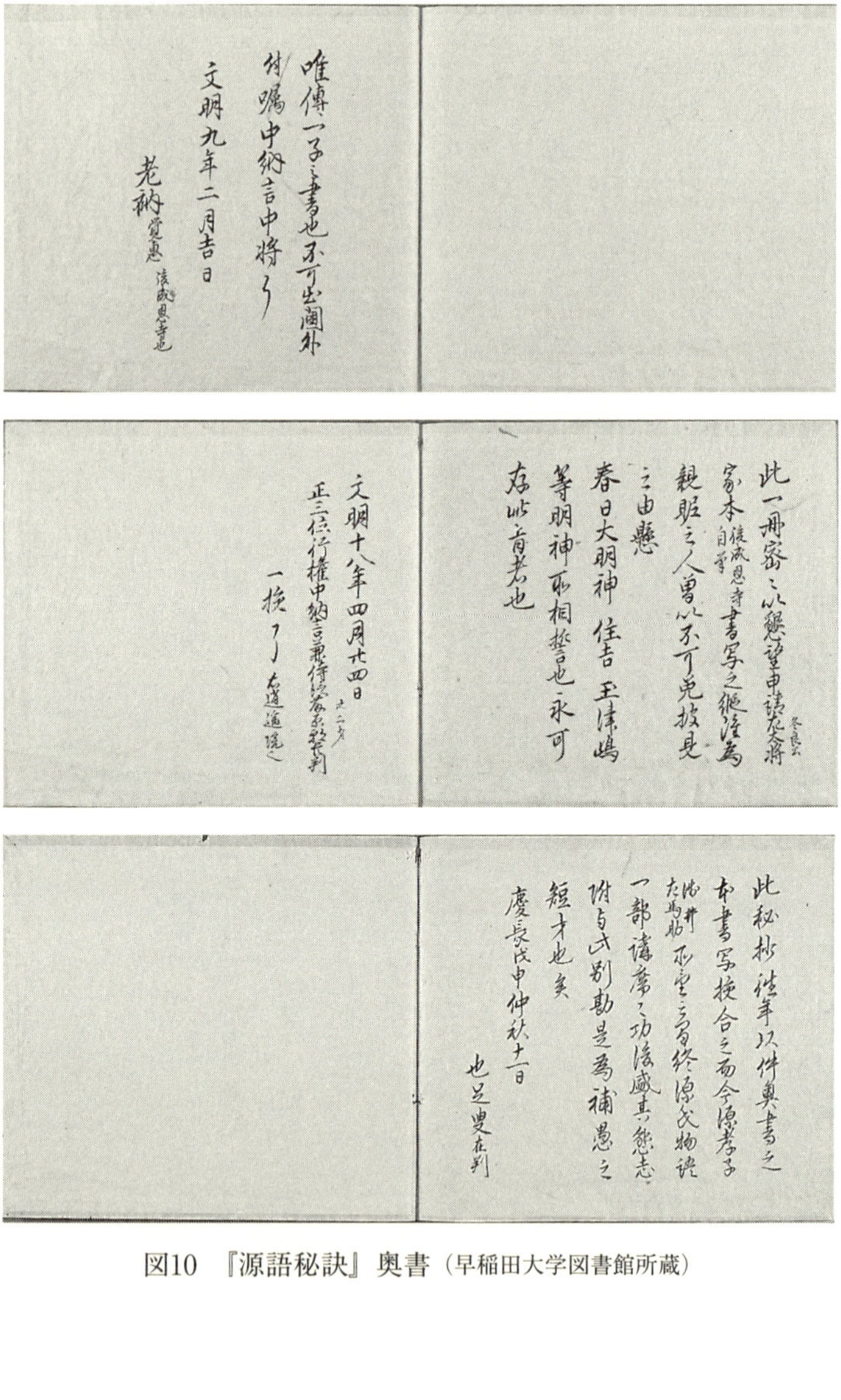

唯傳一子之書也不可出閫外
付囑中納言中将了
文明九年二月吉日
老衲覚恵 後成恩寺也

此一冊密々以懇望申請左大將冬良公
家本後成恩寺自筆書写之訖為
親眤之人曽以不可免披見
之由懸
春日大明神　住吉　玉津嶋
等明神所相誓也永可
存此旨者也

文明十八年四月廿四日
正三位行権中納言兼侍従[illegible]判
一挍了 右道遠説之

此秘抄従筆以件奥書之
本書写挍合之而今源孝子
酒井左馬助所望之旨終源氏物語
一部講席之功讃感其懇志
附与此別勘是為補愚之
短才也矣
慶長戊申仲秋十一日
也足叟在判

図10　『源語秘訣』奥書（早稲田大学図書館所蔵）

かれるところから、少なくとも通勝奥書本は、実隆自筆本を忠実に書写したものではない（兼良の本奥書も「唯伝一子之書」となっている）。

ここで、藤孝（幽斎）と通勝の密接すぎるともいいうる人間関係に鑑みると、藤孝の本奥書が省略されているとはいえ、通勝が藤孝自筆本を写したかと推測されるかもしれないが、一応、他見は禁じられている秘伝書である。藤孝が安易にみせなかった可能性も否定できない。その一方で、通勝の外祖父は三条西公条《きんえだ》（一四八七〜一五六三）であり、その教えを受けている。公条の息実枝とは、井上論文によれば、青年期から交流があり、永禄十三（一五七〇）年には実枝の源氏講釈に参加している事実から、三条西家との関係で実隆自筆本ないしは三条西家に蔵された別本をみた可能性が大いにあるとみてよいのではないか。

ともかく、通勝のみた『源語秘訣』は実隆書写本の流れの中にありながら、藤孝とは異なる伝流であるとしておきたい。

『源語秘訣』を所望した浅井氏

ところで、奥書に記された通勝に『源語秘訣』を「所望」した「源孝子浅井左馬助」なる人物とは一体誰なのか。当該人物について、一等詳しい長坂成行「中院通勝の源氏講釈と浅井左馬助・烏丸光広」（『篠屋宗礀とその周縁—近世初頭・京洛の儒生—』汲古書院、二〇一七年）によれば、『時慶記《ときよしき》』慶長十四（一六〇九）年九月十六日条の連歌会に登場する、そこから、名前は「孝子」だとわかるが、加賀では『白山万句《しらやままんく》』に奉納する有力者でもあった。

さらに、『加賀藩史料』第一編（一九二九年）によると、慶長五年、関ヶ原の戦いが開始される約一ヵ月前に前田利長《としなが》は大聖寺城《だいしょうじじょう》を攻めている（八月三日条）。いうまでもなく、この戦いは東軍についた利長の予定された軍事行動である（領地拡張の狙いの方が大きいか）。

この時、浅井左馬助は「此時いまだ不可帰参《きさん》不審也（この時まだ帰参しない、不審である）」（『新山田畔書』）とされながらも、「如此《かくのごとく》面々何茂鎗合太刀討、首を取り高名す（このように面々鎗《やり》に茂《すぐ》れ、太刀を合わせて討ち、敵の首級を取り手柄を立てた）」（同前）とあるように活躍している。同史料所引の村井長明《むらいながあき》が著した利長の言行録『象賢紀略《ぞうけんきりやく》』には「高名大方」（手柄を立てた人物）として浅井左馬助が上がっている。左馬助は、鑓《やり》の使い手であった（「関屋正春古兵談」）。そして、元和元（一六一五）年条では、「金沢侍帳」（『加賀藩史料』第二編、一九三〇年）に「元和之初金沢侍帳」として「一万石　浅井左馬助」が上がっている。序列一三番目に記され、一万石の石高というから、有力な家臣であったことは間違いない。

浅井左馬助と通勝の関係を記す記録は、長坂論文によって引用すれば、「慶長十三（一六〇八）年六月から八月にかけて、通勝の源氏講釈は恐らく断続的に行われ、浅井左馬助は熱心に聴講していたのであろう」となると、『源語秘訣』の書写を依頼し、通勝も浅井左馬助の熱心さに応えたというのが書写下賜の内実ではなかったろうか。

そこから、兼良→（冬良）→実隆→（実枝）→通勝→浅井左馬助という伝流があることが判明したが、基本的には、実隆→幽斎／実隆→通勝という流れで捉えてよく、ここに中世末期から近世初期の二大古典学者である幽斎・通勝の名前が揃った。だが、二人の時代は、古典の伝播で考えるならば、一万石の重臣とはいえ、鑓の使い手浅井左馬助がかくなる秘伝書をほしがる時代でもあったのである。

図11　里村紹巴（栗原信充『肖像集』）

里村紹巴の書写活動―三条西公条・紹巴

三条西家がらみでいえば、もう一人重要な人物がいる。天文二十二（一五五三）年頃から公条のところに入りびたっていた連歌師里村《さとむら》紹巴《じようは》（一五二四〜一六〇二）である。紹巴については、今日においても小高敏郎『ある連歌師の生涯―里村紹巴の知られざる生活―』（至文堂、一九六七年）が基本書だが、興福寺大乗院の小者、松井昌祐《しょうゆう》の子として生まれ、周桂《しゅうけい》（一四七〇～一五四四）・昌休《しょうきゅう》（一五一〇～五二）に連歌を学び、昌休の没後、その息昌叱《しょうしつ》の後見として里村家を継承した。三条西公条からは古典を学んでいる。加えて、近衛《このえ》家や武将との交流も深い。ために、本能寺の変の後、明智光秀との共謀を疑われるというエピソードを持つ。古典がらみでいえば、松永貞徳《まつながていとく》（一五七一～一六五三）『戴恩記《たいおんき》』に出てくる四人の師（細川幽斎・中院通勝・九条稙通《たねみち》〈一五〇四～九四〉・紹巴）の一人であり、この時期の代表的な古典学者でもあった。

ここで、本筋に戻ると、天理図書館に『源語口訣《げんごくけつ》』という書名を有した巻子本《かんすぼん》（袋綴を改装）がある。『天理図書館希書目録』が載せる書写奥書は以下の通りである。

于時元亀元年小春廿日従
三条西殿称名院殿逍遙院殿御息口訣之分不残伝授
畢其次染悪筆与之者也
心前新寮窓下（花押）（紹巴）
同日午時紀河田中松崎巳下越州衆放火
洛中幽栖故終書写功而巳

この奥書の前には、板本（後述）と共通する「後成恩寺奥書唯伝一子之秘説也堅可禁外見者御判」「光源氏物語秘曲一帖令附属英因法師雖為子孫無其器用者不可伝之者也延徳二年後八月八日　前僧正判」という本奥書があり、その次に、「松風の巻かつらの院」「うつほの物語かつらの巻云」「次第不同」の条を追加している。

　とはいえ、紹巴自筆奥書に限って問題にすれば、元亀元（一五七〇）年十月二十日に師である三条西公条から口訣の分をすべて伝授し終わり、「其次いで」に書写を始め、同日午時に書写を終えている。奥書にもある通り、この日は、浅井長政《あざいながまさ》・朝倉義景《あさくらよしかげ》の軍勢が比《ひ》叡山《えいざん》より下山し、一乗寺《いちじょうじ》、山城修学寺《やましろしゅがくじ》、高野《たかの》、松ヶ崎《まつがざき》を放火して廻っていた（『大日本史料』所引『言継卿記《ときつぐきょうき》』など）。しかし、紹巴は「洛中の幽栖《ゆうせい》」にいたので、無事書写を終えることができたという。どうやら、この時期の書写活動とは、かくも緊迫した情勢の中で行われたということであるようだ。しかし、大事なことはそれでもこうした秘伝書の書写は行うということである。戦火を理由に書写をやめたりしないということでもある。

　さらに、紹巴は三条西公条から『源氏物語』の「口訣」、すなわち、『源語秘訣』を受けていたというから、そこで用いられていた、つまり、紹巴が写したテクストは実隆自筆本かと思われるけれども、本奥書をみると、実はそうではない。こちらの方は、次節で検討するので、結論だけを述べておくと、三条西家にはすでに複数の『源語秘訣』が蔵されていたということだろう。

古典書写・秘伝伝授の核

最後に、『戴恩記』に登場する四人のうち、『源氏物語』注釈書『孟津《もうしん》抄《しょう》』を著し三条西実隆の外孫でもあった九条稙通を除く幽斎・通勝・紹巴の三人がいずれも『源語秘訣』に関わっているという事実に、近世最初期における古典書写活動がこの三人を中心として展開されていた事実を重ね合わせると、秘伝伝授活動なるものもこの三人を軸として展開していった状況が推測できよう。

その一つとして、『源語秘訣』なる小さな秘伝書はしっかりと位置づけられていたのである。

冬良から伝来した『源語秘訣』

冬良奥書本――冬良・顕基

前述の通り、一条兼良の後嗣である冬良は三条西実隆に兼良自筆本をみせ書写させていたが、冬良自身も書写し、それを「母（町顕郷《まちあきさと》〈一四一九～七九〉の女）の兄にあたる町顕基《あきもと》（『公卿補任《くぎょうぶにん》』によれば、永正十七〈一五二〇〉年に出家しているからその後まもなくして没したか）に与えていた。冬良奥書本からみていきたい。

宮内庁書陵部蔵『源語秘訣』（加持井本）の奥書は次のようにある。

A、後成恩寺殿御奥書
　本云
　　唯伝一子之書也、不可出閫外
　　付嘱中納言中将畢

文明九年二月吉日　　老衲覚

B、後妙華寺殿冬良公御奥書云
此物語抄為唯授一子之秘訣
之由、先年奉受禅閤御説之
次、被載自筆御奥書者也、雖然
依再往所望、以件本写遣顕基
者也、努可憚外見者也、
文明十七載初夏上吉　左親衛大樹（左近衛大将の誤りか、『図書寮典籍解題』）
御判
以御自筆本数反校合訖

C、或本奥書云
右秘訣源氏物語中最上之
大事也云々、仍以旧証後成恩寺
殿兼良公令述作給云々、以松殿
宰相忠顕卿本令書写畢、
不可聴外見耳

まず、A兼良奥書があり、それからB冬良奥書を載せる。そこには、兼良自筆の奥書を持つ『源語秘訣』は、「先年禅閤《ぜんこう》（兼良）の御説を受け奉っ（先年、禅閤の御説をお受けし）」たついでに、兼良が自筆奥書を載せたものであるという。だから、兼良の奥書にあるように自分（冬良）以外は誰にもみせてはいけないのだが、町顕基の「再往の所望《しょもう》（度重なる所望）」により、兼良自筆本を写してやったという。ここでは、冬良が顕基に外見を禁じることを要請している。

そして、C「或本奥書」である。

図12　一条家系図

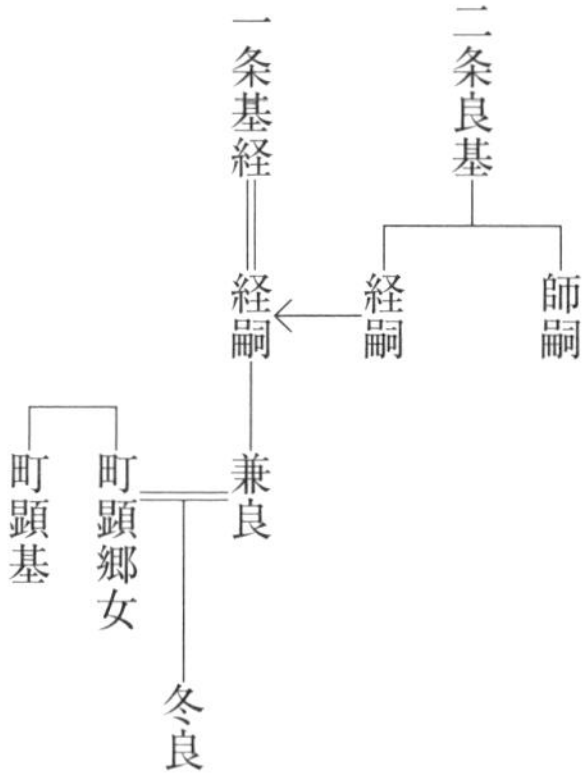

これは不思議な奥書である。なぜこの奥書がここにあるのかは、この本がC奥書を付けた人に伝来したからとしか考えられない。困ったことに、C奥書には署名も年月日もないのである。宮内庁書陵部に収蔵される前は加持井本、即ち、天台三門跡たる梶井門跡《かじいもんぜき》の所蔵本だが、いつ梶井門跡の所蔵となり、また、梶井門跡から宮中にいつ進上されたかは不明というしかない。まさにないないづくしである。

C奥書の中身に入ると、後半で、松殿忠顕《まつどのただあき》（正三位参議、一四五七～一五一九、越前で没、六三歳）の本を書写したと記されている。ここから、忠顕が『源語秘訣』を持っていたことが判明するが、忠顕は誰の『源語秘訣』を写したのか、冬良か顕基ということになるだろうが、残念ながらここではどちらかとも確定できない。ともかく、忠顕が参議になったのは永正八年、「在国」（四条隆永《たかなが》と共に美濃に下っている）によって辞退したのが永正十五年だから、その間の書写とみてよいだろう。

なお、C「或本奥書」以降と同様の奥書を持つ伝本に京都大学図書館谷村文庫蔵『源氏秘訣』がある（ただし、奥書は「葵巻ねの子の三か一の事」の末に記されている）。谷村文庫本の奥書には、

兼載・顕天

耕閑軒ヨリ必此聴聞口伝了
全部無不審相残
永正三年丙寅五月十七日戌刻
顕天在判
此本兼必相伝而被秘蔵懇望之
書写するもの也可秘〳〵
慶長十三年九月十二日　正（花押）

とあり、これによれば、永正三（一五〇六）年、耕閑軒《こうかんけん》（猪苗代《いなわしろ》）兼載《けんさい》（一四五二〜一五一

〇）から顕天《けんてん》（生没年不詳）が『源語秘訣』の口伝を受けていたことがわかる。それを慶長十三（一六〇八）年に写した「正」なる名あるいは号（の一部）を持つ人物は今のところ不明だが、そこから、**冬良→町顕基、冬良／顕基→忠顕……某→兼載→顕天**といった伝流を辿ることができるだろう。

出版された『源語秘訣』

『源語秘訣』は、延宝八（一六八〇）年に『源語秘訣抄』という書名で公刊されている。

ちなみに、『源氏物語』注釈書の中で、代表的な『河海抄』『花鳥余情』には写本しかなく、中世の『源氏物語』注釈書で板本となったのは、『源語秘訣』と三条西公条作『明星抄《みょうじょうしょう》』（一五三四年）だけである。また、『源語秘訣』の五年前の延宝三年にはその後の基幹本文・中世注釈の集大成というよりも、近世から大正期にかけて『源氏物語』を読むことと同義となった北村季吟《きぎん》『湖月抄《こげつしょう》』（六〇巻）が刊行されている。

古典系板本はおおむね元禄期までに刊行されているが（上野洋三「「近世歌書刊行年表─寛永～元文─」索引（書名・人名・書肆名）」『元禄和歌史の基礎構築』岩波書店、二〇〇三年）、そうした中で、『源語秘訣』という秘伝が板本になったのは、まさしく近世という出版全盛時代を思わせる端的な出来事ではある。

さて、冬良の自筆を記した奥書は、板本にもある。ここでは、冬良は『源語秘訣』の伝本についての疑義を述べている。板本は写本にはない「かつらの院」記事を持っており、それについてコメントを冬良がしているという形になっているのだ。板本の奥書は、ゆえに二重構造になっている。

まず、次の本奥書があり、

後成恩寺奥書

唯伝一子之秘説也堅可禁外見者（判）

以或証本写之不可曽外見者

明応六年三月十六日　前槐（判）

その後、「かつらの院」の記事を載せ、そして、左記の奥書がつくのである。

花鳥余情の別注此外無之　十五ヶ条に加此一ヶ条者十六ヶ条候　十七ヶ条之由承候　無所見不審候

此一通以後妙華寺関白自筆写之

件一通従准后借給之也

永正十七暦十一月五日　左幕下（判）

板本奥書から――実淳・公胤・尚通

登場人物の検討から始めると、本奥書の「前槐《ぜんかい》」とは、古今伝授《こきんでんじゅ》や実隆に和歌の教えを受け、歌壇でも活躍した「数寄者《すきもの》」（井上宗雄『中世歌壇史の研究 室町前期〔改訂新版〕』風間書房、一九八四年）、近衛尚通《ひさみち》（一四七二〜一五四四）の岳父《がくふ》でもあった徳大寺実淳《とくだいじさねあつ》（一四四五〜一五三三）となるであろう。また、奥書にある「左幕下」が徳大寺公胤《きんたね》（一四八七〜一五二六）と比定されるが、公胤は実淳の息である。

二つの奥書の内容は、明応六（一四九七）年に、実淳が「或証本」によって写し、さらに、永正十七（一五二〇）年に、今度は、公胤が、「花鳥余情の別注（著者注＝「かつらの院」）此外無之　十五ヶ条に加此一ヶ条者十六ヶ条候（花鳥余情の別注、このほかにはない、一五ヵ条にこの一ヵ条＝かつらの院を加えて、一六ヶ条です）」などと記した「後妙華寺関白」（冬良）自筆の奥書一通を書写した准后《じゆごう》（近衛尚通）から借りて、改めて実淳奥書本に付載して書写したというものであろう。近衛尚通と徳大寺家の縁戚関係からいえば、これは容易だったのではないか。

ここでは、冬良は、「十七ヶ条」あるものと聞いているが、「十六ヶ条」というのは不審であると述べている。すでに、さまざまな伝本が流通していたことを臭わせていて興味深い。

また、実淳が「或証本」というのはどこの証本なのか、どういう経緯でみたのかも一切わからないけれども、「唯伝一子之秘説也」という兼良奥書は、実隆本と較べて、「書」が

「秘説」と変貌しており、秘伝書を強調したものとなっている。それは、どこかで流通し始めたことにより一層秘伝化させ、価値を上げさせようとする心理が投影しているのではないか。

加えて、公胤奥書によれば、冬良の不審感と増補箇所を、当時における校訂本文を意味する「正本」という観点でみてみると、公胤自身が混乱を招き寄せているとも読めないわけではない。「某→実淳」＋「冬良→尚通」→公胤という二重化した書写経路はこれを如実に物語っているようだ。ただし、公胤にしてみれば、よりよい本文（増補本か）を作りたかったただけだとも思われるが。

冬良の周辺から伝来した『源語秘訣』

冬良の兄良鎮からの伝来—冬良・良鎮・英因

ここで、兼良の息子で『源語秘訣』の書写に関わったもう一人の人物を挙げておきたい。それは、冬良の兄にあたる曼殊院良鎮《まんしゆいんりようちん》（一四四一～一五一六）である。兼良四〇歳の時の子であるらしい（赤瀬信吾「曼殊院良鎮とその遠景」『国語国文』五八九、一九八三年）。天理図書館蔵の「室町末期写」と伝える『源語秘訣』には、以下の奥書を載せている。

唯伝一子之秘説也堅可禁外見者御判
光源氏物語秘曲一帖令附属英因法師
雖為子孫無其器用者不可伝之者也
延徳二年後八月八日　前僧正判

延徳二（一四九〇）年閏八月八日に、「前僧正」良鎮が「英因法師《えいいんほうし》」（生没年不詳）に『源語秘訣』を「附属」させたとある。「附属」させた理由は良鎮と「英因法師」との関係による。

大内政弘《まさひろ》（一四四六〜九五）は、自身の家集『拾塵和歌集《しゅうじんわかしゅう》』に寄せた三条公敦《きんあつ》（一四三九〜一五〇七）の手になる後書き（跋文《ばつぶん》）によれば、延徳三・四年、英因法師・源道輔《みちすけ》（生没年不詳）・藤原興俊《おきとし》（生没年不詳）に二万余首の自詠を撰抄させている。同和歌集一〇〇〇〇番歌には、「延徳二年夏のころ、竹内僧正良鎮安楽寺へまうで給ひけるにたづねおはしまして、おなじき秋みやこへ帰りのぼらせ給ふとて（延徳二年の夏の頃、竹内〈曼殊院〉僧正良鎮が安楽寺に参詣なさった際に、私の所にお訪ねになられて、同じ年の秋に都へお上りになるといって）」という詞書《ことばがき》を持つ和歌の贈答があり、良鎮と政弘との深い関係が記されている。とすれば、良鎮と英因法師との関係も山口の大内氏を媒介にして形成されたことは十分に想像でき、それがこの奥書に反映していると考えてよいだろう。

良鎮は、子孫であっても器用のない者には伝えないと断っている。「唯伝一子」が今度は、血縁から「器用者」に変貌していることに注意したいが、英因という非血縁者に伝授するに際しての良鎮の配慮とみてよいだろう。政弘の私家集を撰抄しているくらいだから、英因はまさしく器用者であったのだ。

こうして、兼良→良鎮→英因という冬良とは異なった伝流が確認された。むろん、ここには、古典文化の地方伝播という問題が絡んでくるのだが、それにしても、冬良・良鎮という兼良の血縁者を通さないと、秘伝書は伝授されないという事実も一方で明らかになったと思われる。とはいえ、他の伝授が明らかになってはいないけれども、良鎮は冬良に較べれば、まだ秘密を保持し、「器用」を重視した点では筋を通したとはいえるかもしれない。そして、ここにおいても、秘伝とは一応は隠されながらもそれでいてしっかり伝えられていたのである。

冬良から伝来？——肖柏・通秀

最後に、兼載と並んで連歌師が絡むものとしては、牡丹花肖柏《ぼたんかしょうはく》（一四四三～一五二七）が所持していた伝本があり、これも『源語秘訣』の伝来を探るうえで逸することができないので、触れておきたい。宮内庁書陵部蔵『源語秘訣』（桂宮本《かつらのみやほん》）がそれである。その本奥書には、

本云

此一帖後成恩寺入道殿下之製作、花鳥余情之内別註之秘訣也、已三ヶ重事被載之、如惜眼命深可停外見耳、借請肖柏小弟写留之、余多年留心於彼物語、依道之冥加及今書

写珍重〳〵

文明十三年十月十日亥　従一位源朝臣通秀判

灯下令校合畢

とあり、肖柏の兄中院通秀（一四二八〜九四）が肖柏に借りて写したと伝える。『図書寮《ずしょりょう》典籍解題《てんせきかいだい》』（以下『解題』と略）によれば、霊元天皇《れいげんてんのう》宸筆《しんぴつ》の外題、内題は『源語秘訣抄出』とあるから、抄出本である。文明十三（一四八一）年という書写年は、実隆の書写よりも五年早く、冬良の書写よりも四年早い。そんな時期に肖柏はすでに『源語秘訣』を持っていたとすれば、これも冬良から出たものではあるまいか。

とはいえ、肖柏・兼載とくれば、宗祇の連歌圏（三人は『新撰菟玖波集《しんせんつくばしゅう》』の撰者）となる。兼載と宗祇は撰述をめぐって対立があったようだが、肖柏と兼載の関係はどうだったのか（共に連歌会にはよく出ているが）。だが、そういう連歌師間の人間関係以上に、これら連歌師の活動は、連歌の実作、古典講義のみならず、兼良・冬良・実隆に加えて、応仁の乱以降、古典書写活動や和歌詠作にも活躍した姉小路基綱《あねがこうじもとつな》・後土御門天皇《ごつちみかど》・大内氏・畠山氏・土岐《とき》氏・今川氏ら守護大名などとの交流を含めた古典享受、私の関心からざっくりいえば、古典的公共圏の定着と全国展開に直結する問題として視点を拡げて再考する必要があるように思われる。

将軍家への進上──義尚・基春・済継

ところで、「桂宮本」は、『源語秘訣』の他に『口伝抄』を付載している。『口伝抄』は前書に「被書進大樹書（将軍に進上された書）也、于時文明十二（時に文明十二〈一四八〇〉年）」とあるように、将軍足利義尚《あしかがよしひさ》（一四七三〜八九）に進上されたものである。内容は、『解題』によれば、『源語秘訣』よりも一ヵ条（葵巻の「いまはさるもしの事」）を欠いているが、「三か一餅之事」の末にそれを記しているので、全体量は変わらないが、簡略という。そして、「事おほしといへとも、大概をしるす、源氏一部みさらん人に、ゆめ〳〵つたふへからす（事項が多いといってもおおむねのところを記す、『源氏物語』を全部みない人には、絶対に伝えてはいけない）」という「兼良の自跋と思はれる文」、および、

本云
文明十二、二、十二以禅閤一条殿御自筆秘本、密々
令書写畢、可秘々々、不可有外見者也、
右此本依大樹常徳院殿御所望被書進之云々、篇目
同前、但省略多之、全篇猶令秘之給歟

という奥書がある。「文明十二年足利義尚の所望による注進で、「源語秘訣」の類本」と『解題』は推定するが、「兼良の自跋」、「禅閤一条殿（兼良）御自筆秘本」、および「類本」

との注記を考慮すれば、兼良は自身で『源語秘訣』の類本を作っていたということになる。それを「密々に書写」したのは、やはり冬良であろうか。同年、兼良は将軍義尚のために『樵談《しょうだん》治要《ちよう》』『文明一統《ぶんめいいっとう》記《き》』を進上し、その翌年没しているが、『源語秘訣』はそのまま進上できないものだったのか、これも不明だが、「類本」が将軍家に進上された事実をここでは押さえておきたい。

さらに、「桂宮本」には以下の奥書も付されていた。

右一冊両篇持明院金吾所持之本也、
年来令懇望而今被免一覧者也、仍卒
馳筆写留者也、
于時永正七載庚午八月廿日　諫議大夫藤済継

これによれば、『源語秘訣』『口伝抄』の両篇は持明院《じみょういん》金吾（基春《もとはる》、一四五四〜一五三五）が持っていた本という。それを「懇望」して「一覧」を許され、姉小路基綱の息済継《なりつぐ》（一四七〇〜一五一七）が書写したものである。

ここからうかがえるのは、兼良→（冬良）→足利義尚→基春→済継というラインである。その後、桂宮本になっているから、霊元天皇の書写活動のため貸与されたのであろうか。

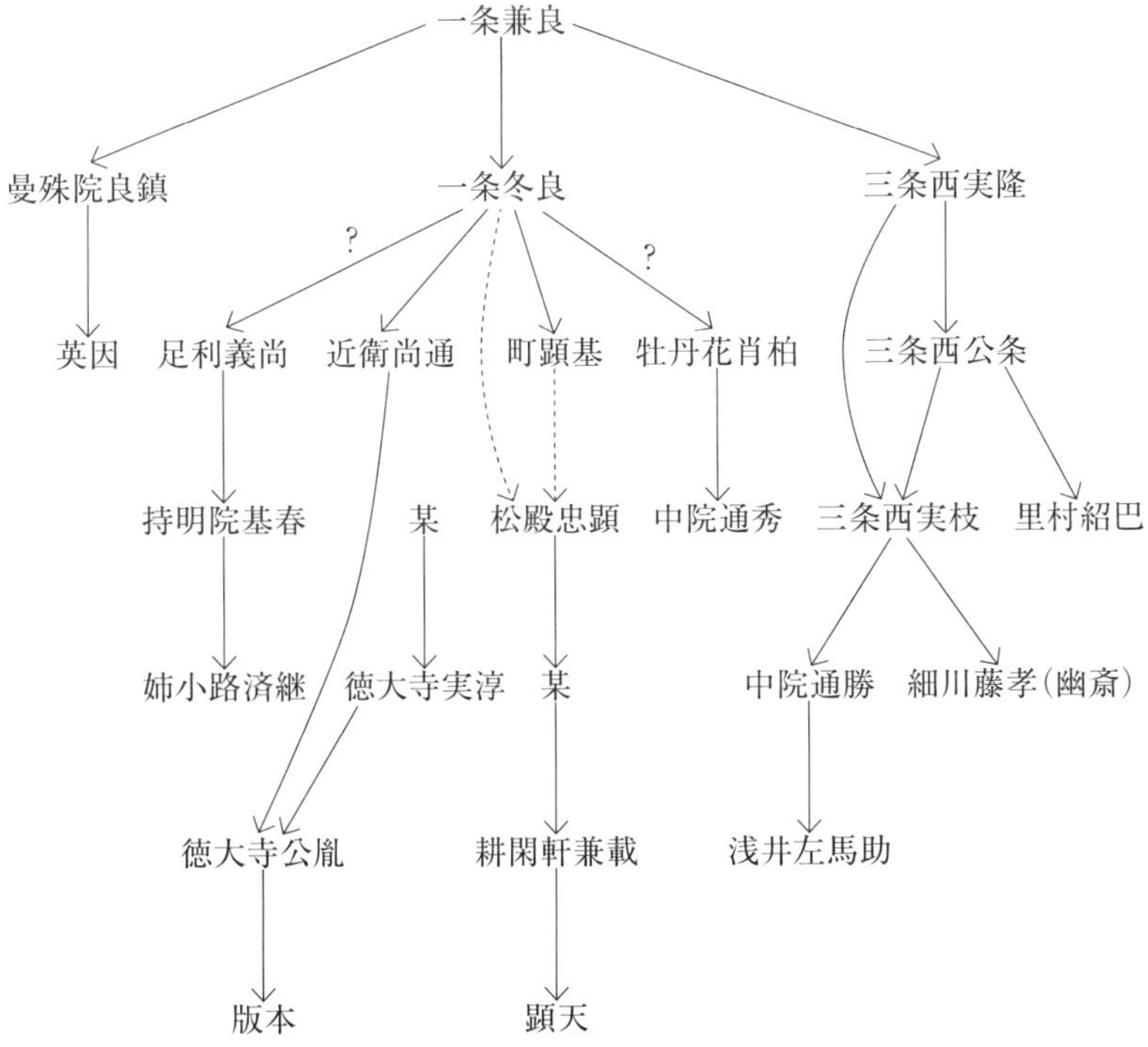
一条兼良
曼殊院良鎮
一条冬良
三条西実隆
?
?
英因
足利義尚
近衛尚通
町顕基
牡丹花肖柏
三条西公条
持明院基春
某
松殿忠顕
中院通秀
三条西実枝
里村紹巴
姉小路済継
徳大寺実淳
某
中院通勝
細川藤孝(幽斎)
徳大寺公胤
耕閑軒兼載
浅井左馬助
版本
顕天

図13　『源語秘訣』伝来図

秘匿されながら公開される

以上、『源語秘訣』という小さなテクストの伝来について煩《いと》わずかなり詳細にみてきた。そこから前出版文化《プレ》における書物の流通のありようが幾分かは諒解されただろう。ただし、他の古典テクストと異なり、『源語秘訣』の場合は、「唯伝一子の書」という限定性を持つ秘伝書であったことと、いくら兼良の著作とはいえ、どちらかといえば新しいテクストであることという二つの制限が加わるが、事実は先述の如くかくも広範な書写・贈与が行われていたのである。少し大げさにいうならば、兼良の著作である事実と高度の（実は建前としての）秘伝書という性格づけが、いつのまにか、『源語秘訣』を古典化してしまったということではないだろうか。そこには、注釈には必ず二段階＝顕教・密教があり、秘伝書をみなくては、対象とするテクスト（ここでは『源氏物語』）の正しい理解には到達できないという共通理解があったことは疑いえない。

中世の基軸である顕と密の世界が、『源語秘訣』をかくまで伝来させたものと思われるが、ともかく、兼良の秘説を知りたい、己がものにしたいという知的欲望がさまざまなコネや人脈を総動員して書写に掻き立てたのである。こうしてみると、『源語秘訣』は秘匿されながら一部に開かれた結果、権威的書物となりえたのであった。

権威づけられた書物

そして、「堅く外見を禁ず」（兼良奥書）という文言は、書写者によって多少言葉を変え反復されながら、書写は営々と行われ、ついに、理論上誰でもみることが可能な延宝八（一六八〇）年の板本に及んでも、それは消えずに残るということになった。皆でもみることができる板本におけるタブーの言辞とは、原態保持という文献学的態度よりも権威主義が露頭した結果とみなしうるが、すでに秘伝書が秘伝書でなくなった事実を明確に解き明かすと共に、中世の古典学者・数寄者が少なくとも表層的には守ろうとした秘説が一般商品として世間に曝《さら》された、換言すれば、公開されアクセス可能となった瞬間だろう。

かくして、近世において、開かれた古典の王国が実現する次第となったのである。

書物をめぐる知と財、そして権力

書物・知をどのように手に入れたのか

この章では、書物と権力の一ヴァージョンとも呼べる、書物を通じた「知と財」の関係を、宗祇《そうぎ》と三条西実隆《さんじょうにしさねたか》の関係を中心にして探っていきたい。

書物と権力の一ヴァージョン

「知と財」という問題は、今日に至っても、崇高かつ純粋なる学や知は頽廃《たいはい》かつ不純なる財とはおよそ正反対の関係にあるものであるとする近代に作られた常識のような偏見があり、これまでは成り立ちえない類の設定であった。とはいえ、学術や知が実際には決して純粋一辺倒ではなく、そこには非学術的な政治・権力・威信・学閥などの非学問的な力学が濃密に響いていたことは、人文学では明治の南北朝正閏論争《なんぼくちょうせいじゅんろんそう》や今もなお続く邪馬台《やまたい》国《こく》論争、理系では軍医森鷗外《もりおうがい》の大失態ともされる脚気《かっけ》論争からも推察される通りなのだが、それはともかくとして、「知と財」という設定自体がおおむね思いもつかないものであったことは改めて確認しておきたい。

古典の付加価値

だが、前近代では、近現代以上に、古典とされた書物はかなりの高額で売買されていたし、場合によっては、前章で検討した『源語秘訣《げんごひけつ》』がそうであったように、さまざまな縁や交流圏を媒介として貸借あるいは進上・下賜《かし》、そして書写されていたのである。こうした人間間のネットワークを繋いでいく書物の「移動」において、一等重要なことは、読む／読まないといった具体的読書行為や注釈を付したり講釈をしたりするといった学問的行為とは別に、貴重な書物を所有していること自体が持主の社会的グレードを上げるという端的な事実であろう。

図14　宗祇（国立歴史民俗博物館所蔵）

つまり、古典などと称される貴重な書物を持つこととは、商品や財という単なる資産的価値ではないということだ。それらを優に超える付加価値を有していたということである。ゆえに

「一ヴァージョン」といってみたまでである。いうまでもなく、持主の社会的グレードが上昇するということは、書物を通じて持主の人間的価値や重み、さらに社会的地位や立ち位置が向上することをそのまま意味し、結果として、有無をいわさぬ権威かつ権力というべき威力を自身に帯びることが社会的に認定されるに至るのである。

だからだろう、室町将軍は、貴重な内外の書物やその後徳川家に伝来した牧谿《もっけい》や玉澗《ぎょくかん》の『瀟湘八景図巻《しょうしょうはっけいずかん》』といった唐物《からもの》書画の逸品を自己のお宝として蒐集《しゅうしゅう》し、時に家臣や守護らに披露もしていたのである。それは単なる道楽では決してない。室町将軍のみならず室町幕府それ自体を華麗に荘厳《しょうごん》していく道具立てがこれらの書物や唐物に他ならなかったからである（島尾新『「和漢のさかい」をまぎらかす』茶の湯の理念と日本文化』淡交新書、二〇一三年、同編『東アジア海域に漕ぎだす四　東アジアのなかの五山文化』東京大学出版会、二〇一四年、河添房江・皆川雅樹編『［新装版］唐物と東アジア　舶載品をめぐる文化交流史』勉誠出版、二〇一六年ほか。近代では、こうした行為は顕示的消費ということになるだろう。ヴェブレン『有閑階級の理論［新版］』ちくま文庫、二〇一六年）。

出版をめぐる変化

さて、近世以降の、出版業が産業となっていった日本と、近世以前の中世日本とは、書物をめぐってはまったく異なる状況にあったことをまず何よりも押さえておかなくてはいけない。春日版《かすがばん》・高野版《こうやばん》・叡山版《えいざんばん》などを経て、南北朝期において極盛期を迎えた五山版《ござんばん》（天竜寺版《てんりゅうじばん》・臨川寺版《りんせんじばん》など）といった極めて重要な出版、中国人刻工《こくこう》による半商業的性格を持った出版もあったけれども（住吉朋彦「五山版から古活字版へ」前掲島尾新編『東アジアのなかの五山文化』）、いずれも少部数で、しかも五山版などは貴重書であり、禅僧はそれを写してから講義に臨んだようであった（川本慎自「禅宗寺院における典籍学習のかたち」『公益財団法人仏教美術研究上野記念財団研究報告書第四三冊　日本国内における禅宗文化の受容と伝播』二〇一六年）。この当時、出版物の大半は宋元明からの舶載品《はくさいひん》であった。極めて高価で、売買されたのは主として舶載品の方であり、日本の寺社出版の出版物はむろん売り物ではなかった。寺家内で修行・学問・教育のために少部数刷られたのである。

しかし、近世になると、住吉朋彦が古活字版から出版の前期的展開を明らかにしているように（前掲住吉朋彦「五山版から古活字版へ」）、次第に版本による出版業が勃興繁栄し、出版流通が整備されるようになった。この変化を中世と比較して荒っぽくいってしまえば、お金さえ出せば、出版されている書物を誰でも手に入れられるようになったということである（鈴木俊幸『書籍流通史料論　序説』勉誠出版、二〇一二年、同『近世読者とそのゆくえ』平凡社、二〇一七年ほか）。また、知を身につけるためには、近世において一等重要な教育機関であった漢学・和学などの塾、実践知では元禄期以降急速に拡大した寺子屋《てらこや》、主として寛政《かんせい》の改革前後頃となると藩校《はんこう》が用意されていったが、果ては一九世紀初頭の『経典余師《けいてんよし》』シリーズのように、実に充実した内容を持つ自学自習書も出版された（鈴木俊幸『江戸の読書熱—自学する読者と書籍流通—』平凡社選書、二〇〇七年）のである。むろん、これによって塾・藩校が不要になったわけではないけれども、自学自習できる環境の整備は、学びにおけるある意味で革命ではあったろう。

とはいえ、ここで問題としたいのは、出版・塾・寺子屋・藩校・自学自習書が整備されていないどころか、存在しない時代における知の獲得方法と知のありよう・立ち位置である。その先には、いうまでもなく、書物と権力、知と財の問題が控えているということである。

『源氏物語』における知の獲得とありよう

「物語」は、今風にいえば、小説＝フィクションに過ぎない媒体だけれども、平安貴族社会の美意識・価値観から立ち居振舞いといった生態までよく伝えてくれている『源氏物語』の少女《おとめ》巻には、このような場面がある。

ことは光源氏の息子夕霧《ゆうぎり》の教育方針をめぐる、光源氏と、光源氏の義母（正妻であった故葵上《あおいのうえ》の母）であり夕霧にとっては祖母となる三条大宮（桐壺帝《きりつぼてい》の妹、夫は故左大臣）との対立であった。三条大宮は、上流貴族の子弟である夕霧を光源氏がどうして中下流貴族の子弟が入る大学寮《だいがくりょう》という学校に入れたがるのかがわからないのである。光源氏は、不満たらたらの大宮に対して、このように説得した。

自分自身は宮中で育ったので世の中のことがとんとわからなかったが、いつも帝（父桐壺帝）の側で仕えていたので、そこから、ほんの少しだけ、しかも正式ではない書物などを学んだ。そのせいで、ちゃんとした教育を受けていないから、幅広い教養がないために、漢学を学ぶのも、管弦の調べを習うにも、不十分な点が多かった。そこから考えると、我が子もちゃんとした教育を受けさせないでいるなら、新しい学習内容が他の家の子弟たちに次々と伝えられるのに対して、我が子だけが取り残されていていくのをみるのがひどく気がかりだ。

そして、こうした認識を踏まえて、光源氏が放つのは以下の決め台詞《ぜりふ》である。

なほ、才《ざえ》をもととしてこそ、大和魂の世に用ゐらるる方も強うはべらめ

才と大和魂

ここでいう「才」とは、今でいう「才能」の意味ではなく、主として漢学などの、教育手段によって後天的に学ばされる教養知を指す。一方、「大和魂」とは、我々現代人のイメージを作ってくれている、幕末から戦中にかけての「留めおかまし大和魂」（吉田松陰）といった日本古来からあったとされる民族的精神の意味ではなく、「才」とは対極的にある経験や体験によって身につけることができる実践知の意

味である。そこから、平安貴族にとっては、日本（大和）というものは改めて学ぶ必要がない非知的な対象であったことが判明するけれども、それはともかくとして、ここで押さえておきたいのは、以下のことである。大和魂だけしかないと、「時移り、さるべき人に立ちおくれて、世おとろふる末には、人に軽め侮らるる（時が経て、しかるべき後ろ身にも先立たれ、権勢が衰えてくると、最後には人に軽んじられ馬鹿にされる）」ことになりかねないから、しっかりとした「才」の習得を源氏が説いていることである。生き馬の目を抜く冷酷非情な貴族社会に生きる人間にとって最後の砦《とりで》となるのは、どちらかといえば、役に立たない、学問・教養としての「才」なのであった。それでも、可愛い孫（夕霧）を苦労させたくない三条大宮は、ああだのこうだのといって抵抗したものの、結局、源氏に寄り切られ、夕霧は大学寮に入学した。

なお、『源氏物語』の作者（紫式部）がどうしてこのような認識を持つに至ったかは、不明である。ただし、彼女の側にいた権力者の典型である藤原道長《みちなが》の知性のなさと卓越した実力（たとえば、『紫式部日記』に描かれる酔ってふざける道長像、さらに、『御堂関白記《みどうかんぱくき》』における当時の他の貴族の日記の表記と較べて極度に語順がデタラメな記録文になっていることからわかる「才」の欠如、その一方で、長期政権を維持した、融通無碍《ゆうずうむげ》の実践知を有した人間であったこと）が関係しているかもしれない（土田直鎮『日本の歴史五　王朝の貴族』中公文庫、

一九七三年、原著一九六五年、倉本一宏『藤原道長の日常生活』講談社現代新書、二〇一三年）。

ここで話を元に戻すと、教育方針を支える「才」と「大和魂」の共存は、おそらく、その後も貴族社会において、それなりに尊重されたはずであるが、史実としては上流貴族で大学に入学する子弟はほとんどいなかった（桃裕行『上代学制の研究』目黒書店、一九四七年、復刊＝吉川弘文館、一九八三年）。大学自体が、次第に、大江《おおえ》家・菅原《すがわら》家といった博士《はかせ》家《け》によって独占されてしまい、佐藤進一『日本の中世国家』（岩波現代文庫、二〇〇七年）がいうところの代々世襲して官職を担った「官司請負制《かんじうけおいせい》」的世界になってしまうところにも原因があるが、もともと上流貴族は光源氏と同じく大学寮に通っていないから、おそらく教育は家庭などで行われたとみてよいだろう。また、大学も安元の大火（一一七七年）で延焼し、以後は閉鎖されてしまった。つまり、中世以降には大学寮が存在していなかったのである（岡野友彦『源氏と日本国王』講談社現代新書、二〇〇三年）。

こうしてみると、平安期の上流貴族の「才」はそれほどではなかったのである（「才」は大学寮を出た文人貴族が担っていた）。たとえば、道長と、五〇年間も関白を独占し続けたわりには日記も残していない道長息の頼通《よりみち》はどうなのだろうか。

まずは和歌である。道長は『御堂関白集』（道長の近臣が編纂か、全七三首）という私家集があり、勅撰集に四三首も入集している。別段、「この世をば我が世とぞ思ふ望月の欠けたることもなしとおもへば」（『小右記《しょうゆうき》』）だけの歌人ではなかったのだ。他方、頼通も、一七歳の折、夕方（男が女のもとを訪れる時刻である）、紫式部の局（式部と宰相《さいしょう》の君がいた）を訪ねて、二人との間に微妙な距離をとって坐っていたことの理由について、去り際に、『古今集』を踏まえて「おほかる野辺に」と詠唱《えいしょう》して暗示した（「本当はもっと親密にお話してもよろしいのですが、妙な噂がたつと、私はともかくあなた方までご迷惑をかけかねないので」を含意）行動をみて、紫式部をして「物語にほめたる男の心ち」（『紫式部日記』）がしたといわしめたほどだから、和歌的教養は『枕草子《まくらのそうし》』に登場する女房たちと較べてもずっとあるといってよいだろう。残っている和歌は二四首（そのうち勅撰集入集は一六首）に過ぎないものの（私家集はいまだ発見されていない）、和歌に親しんでいたことは間違いない。そうした中で『十巻本類聚歌合《じっかんぼんるいじゅうたあわせ》』を編纂したことが最大の文化的事業となるだろう。道長にはかかる編纂事業の跡はみられない。

次に、本来の「才」である漢詩文の方についてはどうだろうか。道長は自邸で漢詩会をたびたび催し、自身の漢詩も一条朝の漢詩集である『本朝麗藻《ほんちょうれいそう》』に一条天皇と同数の六首とられているから、漢詩を作る能力はあったたし、高い評価もある（大津透『日本の歴史六　道長と宮廷社会』講談社、二〇〇一年）。また、道長との権力闘争に敗れた道長の甥にあたる伊周《これちか》は『本朝麗藻』に一五首入集のほか、『枕草子』でも漢詩文の知が称えられているから、堂々たる漢詩人であった。その一方で、頼通には漢詩は遺されていない。むろん、道長のような権力者にとって、『大鏡《おおかがみ》』に記される公任《きんとう》の三舟の逸話（和歌・漢詩・管弦の舟にそれぞれの達人を乗せて詠ませた〈演奏させた〉こと。どの舟にも公任は乗ることができた）が物語るように、和歌・漢詩・管弦（三舟）の会や宴は、単なる娯楽や享楽の場ではなく、文事の主催者＝政事の支配者という構図によって、自己の権力＝権威の正統化あるいは荘厳化に繋がっていた。それゆえに開催するのだが、それでも漢詩について敢えていっておくと、大津透『道長と宮廷社会』（前掲）や佐藤道生『句題詩論考―王朝漢詩とは何ぞや―』（勉誠出版、二〇一六年）が詳細に説くように、当時の漢詩は、和歌の題詠に匹敵する、句題詩であり、マニュアルを踏まえてそれなりの訓練と経験を積めばなんとか作ることは可能であったことも忘れてはならないだろう。

こうしてみると、道長・頼通にとっては、若い頃から精励《せいれい》した公事《くじ》＝儀式の近いところに和歌や漢詩があったということだ。中には伊周のような風流人もいたけれども、伊周は当時では例外者であり、中世の人々ほどの知に対する切実感はそれほどないといってよいのではないか。それはまだ古典的公共圏が成立していないからでもあるが、ここにみられる「才」の中に日本古典・和歌を加えれば、和と漢の才が学ぶべき基本的な知となって中世に継承され、かつまた尊ばれたのであり、その延長に宗祇や実隆がいたということになる。

西園寺実俊七歳

次に、時代がずいぶんと下るが、暦応三（一三四〇）年冬、鎌倉期において事実上貴族社会のトップにいた西園寺《さいおんじ》家の継嗣《けいし》となった西園寺実俊《さねとし》（一三三五〜八九、当時七歳）は、雪の日であろうが、毎日の日課である漢詩文を人々が実俊に読ませる（音読させたのであろう）ので、ついに耐えきれなくなって、戯《ざ》れ歌をものした。その歌を実俊の母である日野名子《ひのめいし》（?〜一三五八）が鎌倉・南北朝期の女房日記の一つ『竹むきが記』に記している。こんな歌である。

雪降りて寒き朝《あした》に文《ふみ》読めと責めらる、こそ悲しうはあれ（雪が降って寒い朝にも漢詩文を読め読めと責められる私ほど悲しいものはない）（新日本古典文学大系による、以下も同じ）

この歌を実俊にとって曽祖母にあたる女院（永福門院《えいふくもんいん》、一二七一〜一三四二、伏見《ふしみ》院中宮）が聞いて、

踏み初むる和歌のこしぢの鳥の跡になを（ほ）も絶えせぬ末ぞ見えける（踏み〈習い〉始めた和歌の来た道〈雪の深い越路〉を記した筆跡にやはり絶えることのないこの家の将来が見えましたねえ）

と勝手に返した。京極派の代表歌人である永福門院（西園寺実兼《さねかね》女）は、実俊を西園寺家

の後嗣とするべく、「朝夕召し纏《まと》はせ」ていたが、実俊の戯れ歌に対して、女院は「絶えせぬ末」という期待、言い換えれば、西園寺家の明るい未来の兆候を発見したのである（なお、実俊は右大臣まで昇進したが、鎌倉期のように政治権力を握ったわけではなかった。すでに時代は足利《あしかが》の世となっていたのだ）。

一方、幼い実俊にしてみれば、雪の朝も、毎日の日課となっている漢詩文を読ませられるのである。戯れ歌にある「責めらるゝこそ悲しうはあれ」という表現は実俊の本音といってよいだろう。だが、ここで視点を変えてみると、曲がりなりにも数え年七歳で、漢詩文を毎日学び、戯れ歌の一つものしてしまう「才」も相当なものだといってよいのではないだろうか。その後の歌歴をみてみると、実俊は勅撰集に『新後撰集《しんごせんしゅう》』二・『玉葉《ぎょくよう》集《しゅう》』四・『続千載集《しょくせんざいしゅう》』四・『新千載集』五と計一五首の入集に過ぎないのだから、永福門院と比較すれば、たいした歌人ではない（ちなみに、永福門院の勅撰集入集数は一五一首）。それでも西園寺家の当主ともなれば、これくらいの「才」を持っていることは必要不可欠だったのである。なお、ここでも「人〳〵読ませ聞ゆる」とあるように、実俊は自邸で教育されていた。

五山における初等教育

そして、さらに下って宗祇の時代に入ると、五山における初等教育が亀泉《きせん》集証《しゅうしょう》（一四二四〜九三、今泉淑夫『亀泉集証』吉川弘文館、二〇一二年）の『蔭涼軒日録《いんりょうけんにちろく》』にみえる。現代語訳で示す（以下、史籍刊行会、原記録文）。

> 宗・菅喝食《かつしき》が始めて山谷詩《さんこくし》を習う。皆予がこれを教えている。（延徳三〈一四九一〉年十月二十一日条）
>
> 今朝、悦公《えつこう》に教えるのに山谷詩を用い、泉・駿に教えるのに三体詩《さんたいし》を用いた。泉には七八二首、駿には五八二首、教えた。（延徳四年五月十三日条）
>
> 午時、悦童《えつどう》に教えるのに山谷詩を用い、泉・駿に教えるに三体詩を用いた。一人は七八、もう一人は五八である。（同年五月十四日条）
>
> 食事が終わり、悦・泉・駿がやってきた。習書は昨日と同様である。（同年五月十六日条）
>
> 食前に、龍公《りゅうこう》を教えるのに三体詩一首を用いた。（明応二年〈一四九三〉三月二十八日条）

ここでは、相国寺《しょうこくじ》蔭涼軒主である亀泉集証自らが、計六人（宗・菅・悦・泉・駿・龍）の喝食童に『山谷詩』（黄山谷《こうざんこく》）あるいは『三体詩』を教えている。五月十三日条の首数と十四日条の「七八（七言八首か）」「五八（五言八首か）」の意味するところはよくわから

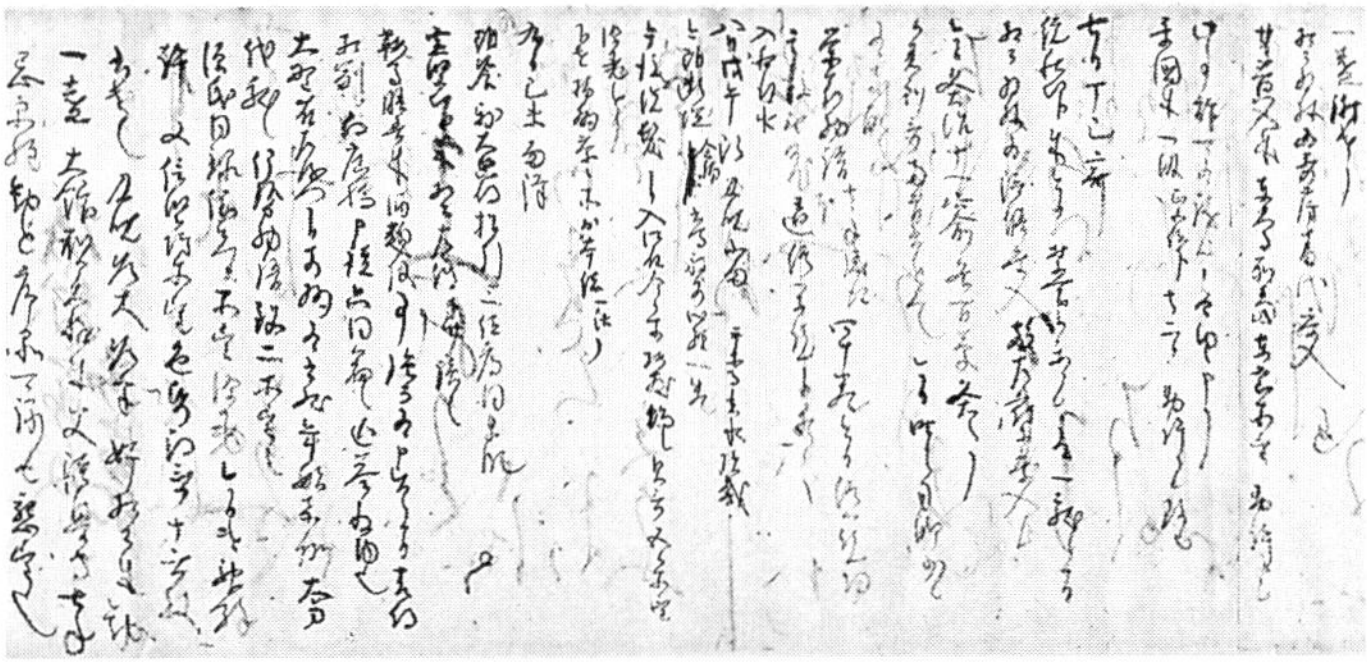

図15　『実隆公記』永正8年3月8日（東京大学史料編纂所所蔵）

ないが、喝食が暗記した詩の数なのだろうか。

五山僧は、実作（漢詩・和漢連句《わかんれんく》の五言漢句）のみならず、漢詩（『詩経《しきょう》』『文選《もんぜん》』『白氏文集《はくしぶんしゅう》』『三体詩』杜詩《とし》・黄山谷・蘇東坡《そとうば》・『古文真宝後集《こぶんしんぽうこうしゅう》』など）・漢籍（『史記《しき》』『漢書《かんじょ》』『論語《ろんご》』『孟子《もうし》』『春秋左氏伝《しゅんじゅうさしでん》』『貞観政要《じょうがんせいよう》』『蒙《もう》求《ぎゅう》』など）講義や注釈の中心的存在であった。いわば、漢文知のプロフェッショナルなのである。

ちなみに三条西実隆の息公条《きんえだ》は、自邸に儒学者清原宣《きよはらせん》賢《けん》（一四七五～一五五〇）が来訪して、『春秋左氏伝』を講読する傍ら、永正八（一五一一）年三月八日～五月二十一日にかけて、以下示したように、相国寺の慶雲《けいうん》院・勝定《しょうじょう》院・雲頂《うんちょう》院で『山谷詩』講義・『三体詩』講義を聴聞している。

慶雲院において山谷詩の講尺がある。宰相中将（公条）は家を出てそこに向かう。宣賢朝臣が来たけれども、相公（公条）がまだ講尺（講釈）から帰って

来ないので、宣賢朝臣は帰られたとか（『実隆公記』三月八日条、続群書類従完成会、原記録文、以下同じ）

公条は相国寺に向かう。勝定院景甫寿陵《けいほじゅりょう》の黄山谷詩の講義である。雲頂院において茂叔《もしゅく》集樹《しゅうじゅ》の三体詩絶句講義がある。同じように聴聞するという。（四月二十三日条）

午の時、山谷詩の講尺がある。相公は雲頂院に向かう。百合《ゆり》一本を松泉軒《しょうせんけん》に送った。（五月二十一日条）

和学も漢学も

実隆は、息子の教育について「和」学以上に「漢」学を重視していた。たとえば、文亀二（一五〇二）年八月二十九日（晦日）条には、

千載集の私の本（上巻を公瑜《こうゆ》が写し、下巻を公条が写す）の校合《きょうごう》、昨夜からはじめて、今夜終わった。

とあり、実隆は、『千載集』を公瑜と公条という二人の息子に書写させているが、文亀三年二月十五日には伏見殿で開催されていた高辻章長《たかつじあきなが》の『貞観政要』講義（この日が第一日目）に公条を聴聞させ、五月十六日には、中原師富《なかはらもろとみ》を招いて『孟子』序を受け、それを公条に授けている（伊藤慎吾「戦国初期の儒者―高辻章長伝―」『室町戦国期の公家社会と文事』三弥生書店、二〇一二年、宮川葉子『三条西実隆と古典学』風間書房、一九九五年）。高辻・中原は博士家出身の儒者である。

永正元（一五〇四）年閏三月二十日には、章長は実隆亭（これは「兼日約諾（前もっての約束）」によった）で『蒙求』を講義し、公条以下、甘露寺元長《かんろじもとなが》（一四五七～一五二七）・姉小路基綱《あねがこうじもとつな》らも聴聞している（実隆息である公瑜・桂陽《けいよう》も同席、翌年四月二十七日まで）。永正二年五月二日には、章長は実隆亭で、公条のために、『文選』講釈を開始している（永正五年三月十六日まで）。この頃、公条は、永正三年五月三日の蘇東坡詩講釈も聴聞している（講師は鸞岡省佐《らんこうしょうさ》。朝倉尚『就山永崇・宗山等貴―禅林の貴族化の様相』清文堂出版、一九九〇年）。

もっとも、その公条も三七歳になった大永三（一五二三）年閏三月には、伏見宮貞敦《さだあつ》親王に源氏講義を実施しているから、漢籍学習と並行しつつ、日本古典も学んでいた。すなわち、父の学問を聴聞しながら継承しつつあったということだろう。

実隆が「才」重視という光源氏の教育方針に従ったわけではあるまいが、少なくとも公条については、和漢重視という教育をよしとしていたことは間違いない。そして、西園寺実俊・五山の喝食童らと共に、それらは、当時において一人前の人間になって周囲から高く評価されるためであって、結果的には芸が身を救うことになったかもしれないけれども、断じて、生活のため、すなわち、生活の糧ではなかったことは改めて贅言《ぜいげん》を要しない。ここが連歌師《れんがし》とは根本的に異なるところである（だからといって連歌師が劣っているわけではない)。

だが、その一方で、この頃から知と財が融合してくることも否定できない事実であった。逆にいえば、それ以前には、多少の例外（平清盛《きよもり》〈一一一八～八一〉が宋から大枚を支払って輸入した『太平御覧《たいへいぎょらん》』をいずれ安徳《あんとく》天皇となる孫の親王に送ったことや古典的書物を書写してお礼を戴いたことなど）はあったけれども、「知と財」がある意味での商業的交換関係によって直接結びつくことはなかったのである。言い換えれば、あれだけ古典の校本造りを行った藤原定家とて、校本造りによって生計を立てていたわけではなかったということである。

以後、知が財を得る手段となっていく具体相を、玄清《げんせい》・宗祇といった連歌師と三条西実隆の濃密な関係からみておくこととしたい。

知の流通と財の移動・交換——実隆と連歌師の行動から

実隆、書物を売る

公条が日々漢籍の研鑽《けんさん》を積んでいた永正三（一五〇六）年八月二十二日、父である実隆は持っていた『源氏物語』を売却していた。さて、『源氏物語』の私の本（一筆本。銘は一条兼良《かねら》）はかなりの間秘蔵の本であったけれども、甲斐国の某が所望し、黄金（代一五〇〇疋）でこれを買い取るというので、売り払った。また、新たに『源氏物語』の本（七帖不足）を買い取った。価は四五〇疋である。二つの案件は共に万事玄清法師が取り次いだものである。

当時の貨幣価値を現在に換算するのは、物価や米価などといったものの価格群が現代のそれらとは連動していないので事実上不可能なのだが、それでも、一疋＝一〇文、一貫＝一〇〇〇文という貨幣単位の中で、一文＝一〇〇円との計算によれば（前掲本郷恵子『蕩尽する中世』)、一五〇〇疋とは、ほぼ一五〇万円となるようだ。売った『源氏物語』と買った『源氏物語』との価格差は一〇五〇疋であるから、ざっと一〇〇万円あまりが実隆の手許に残ったことになる。兼良の銘まであった「秘蔵の本」を売ったのは、いうまでもなく、手元不如意《ふにょい》によるものだろう（実隆の生活苦については、芳賀幸四郎『三条西実隆』吉川弘文館、一九六〇年、前掲宮川葉子『三条西実隆と古典学』に詳しい。原因として考えられるのは、定期的な歌会・連歌会の開催、そして、その後の宴といった生活形態に加えて、応仁の乱以降、所有していた荘園《しょうえん》から年貢が入ってこないことなどがある）。

しかし、「七帖不足」の端本にもかかわらず、新しい『源氏物語』を改めて購《あがな》っているのは、実隆にとって『源氏物語』が必要不可欠な書物であったからに違いない。これで辻《つじ》褄《つま》を合わせたかにみえるものの（「七帖不足」ゆえに実際には合ってはいないのだが）、そこから判明することは、古典学の大御所と目されていた実隆でさえも、己自身と一体だともいってもよい『源氏物語』の秘蔵本を生活のために安易に手放しているという事実である。これは決して見逃すことができない事象ではあるまいか。

だが、実隆にとって、書物とはどうやらずっと所蔵しておくものではなかったようである。と同時に、室町期における代表的な漢詩文すら実隆の名望をもってしても容易に手に入れられないものであったのだ。一例を出すと、実隆が『山谷詩』（黄山谷）を『春秋左氏伝』『資治通鑑《しじつがん》』と一緒に購入したのは、永正元年十一月三日条（『実隆公記』）であった。それまでなんと持っていなかったのである。だが、五年後の永正六年四月二十四日に、実隆は『山谷詩』を、個人的にも親しい姉小路済継《なりつぐ》に「遣《や》」っている。「遣」るの内容が、譲渡（贈与）したのか、それとも売却したのかなど、はっきりしないけれども（おそらく売却したのであろう）、これ以降、『実隆公記』には『山谷詩』は登場しなくなるから、この時点で、手放したとみてよいだろう。

ここでは、『源氏物語』と『山谷詩』との価値関係や比重がどうであったかについて議論はしないとはいえ、両著は共に当時における和漢を代表する書物である。だが、こうした大事な書物が実隆にあっても結果的には移動（売却・購入・遣るなど）可能な財として、実隆の手から離れているのである。こうした冷厳な事実を改めて重視しておきたい。

玄清との別れ

そして、右記の記事で、「両条共玄清法師の媒介なり（二つの案件は共に万事玄清法師が取り次いだものである）」とある箇所はやはり大きい意味を持つと思われる。まず、ここにひょいと現れる玄清法師（一四四三～一五二一）とは、「宗祇の門弟であり、宗祇の旅中の留守居役を務めた。三条西実隆に古典を学び、実隆邸を頻繁に訪問した」（廣木一人編『連歌辞典』松本麻子執筆、東京堂出版、二〇一〇年）人物であった。実隆は、「宗碩《そうせき》が来た。昨日玄清が逝去したことについて話し合った。心安らかな死であったとか。七九歳であった。和歌があった。「世の中はよきもあしきも灯の跡をもとめぬ物にぞありける（世の中というものは良いことも悪いことも仏法の灯の後を求めないものだったのだな）」とあった」という追悼記事を載せている（『実隆公記』大永元〈一五二一〉年十一月十四日条）。

また、実隆の日次詠草集《ひなみ》である『再昌草《さいしようそう》』第二一、大永元年には、「言清《(ママ)》法師十一月十三日示寂《じじやく》、世中《よのなか》はよしもあしきも灯《ともしび》のあとをもとめぬ物にぞ在ける、とよみをけるよしきゝて、思つゞけし（玄清法師十一月十三日逝去。「世中はよしもあしきも灯のあとをもとめぬ物にぞ在ける」と詠み置いたということを聞いて、玄清のことを思い続けた）」（『古典ライブラリー』版『私家集大成』による。濁点は補った。以下も同じ）という詞書《ことばがき》の後、

灯のきえしやいづこおも影はありしながらのかべにみえつゝ（あなたの灯は消えたが今はどこにいらっしゃるのか、あなたの面影は生前のままの姿で壁に見えているのに）

と詠んでいる。通常の価値観をひっくり返して、善は悪だ、悩みは悟りだと主張する「善悪不二《ぜんあくふに》」あるいは「煩悩即菩提《ぼんのうそくぼだい》」という言葉で知られる、天台本覚論的《てんだいほんがくろん》世界観が影を引いている「世中は」詠を、玄清の辞世歌とすると、それを受けて詠まれた実隆の「灯のきえし」詠は、表現的にも「灯のあと」と「灯のきえし」とが見事に対応しており、哀悼歌であるとともに、死者に向けた返歌となっていることがわかる。ここからも玄清に対する実

隆の深い思いが容易に察せられよう。

実隆と連歌師の交流

実隆にとって、肖柏《しょうはく》・宗祇・宗長《そうちょう》・宗碩と並ぶ交流の深い連歌師が玄清であった（連歌師の中では中院通秀《なかのいんみちひで》の弟である肖柏との関係が一等古い。『実隆公記』文明六〈一四七四〉年正月晦日条に登場する。伊地知鐵男『宗祇』青梧堂、一九四三年、『伊地知鐵男著作集　二』汲古書院、一九九六年に再収）。

実隆と連歌師の交流は、連歌・和歌の実作や古典学ばかりではない、実隆の家計を実質的に援助し、かつ、財を含んだ家政にも及んでいたのである。それが、「甲斐国の某」に売却した『源氏物語』と購った七帖欠けた『源氏物語』とに玄清が関わっていることの意味である。いささかざっくりと言い切ってしまうと、「甲斐国の某」という買い手を見つけたのも、七帖不足ながら安価な『源氏物語』を見つけ出し、両方と値段を含めて商談し万事取り計らうようにしたのも玄清だったのではないか。仮に玄清がいなかったとしたら、実隆にとってははなはだ厳しい状況が続くことになっていたことがここから推測されるのである。

「職業文芸家」として

連歌師とは、廣木一人がはじめて指摘したように、日本で最初の「職業文芸家」である（廣木一人『連歌入門』三弥生書店、二〇一一年）。玄清も宗祇門下の一人として、常にアンテナを張って、さまざまな顕官《けんかん》・高僧・地方在住武将・被官《ひかん》などと交流し、彼らのニーズに応えていた。いうまでもなく、実隆専属だったわけではなかった。アンテナは多いに越したことはないからである（小川剛生『兼好法師』中公新書、二〇一七年は連歌師に先行する、半僧半俗の兼好、坊官上がりの頓阿《とんあ》・是法法《ぜほうほう》師《し》などの文芸・利殖・信仰活動を追っていて頗る参考になる）。

たとえば、摂関家の近衛尚通《このえひさみち》（永正七〈一五一〇〉年に「前左大臣従一位前関白」）も玄清が深く交流した顕官であった。永正七年五月二十六日には、持明院基春《じみょういんもとはる》と共に尚通から古今伝授《こきんでんじゅ》を受けている（『後法成寺関白記』、なお文亀三〈一五〇三〉年三月に実隆からも古今伝授を受けている。尚通は、明応七〈一四九八〉年二月に宗祇から「口訣面受《くけつめんじゅ》」を受けている）。また、『後法成寺関白記《ごほうじょうじかんぱくき》』永正七年七月十三日条には「玄清が丹波瓜を五籠持参した。対面し数刻雑談をした。持明院基春も来た」とある。これも、古今伝授がらみであろう。

なお、玄清が送った「丹瓜」（丹波瓜）は、『御湯殿上日記《おゆどののうえのにっき》』文明十（一四七八）年七月八日条に足利義政《よしまさ》夫人日野富子《とみこ》が勝仁《かつひと》親王に「たんば（丹波）一か（荷）まいらせらるゝ（丹波瓜一荷献上された）」（『大日本史料』による。濁点・漢字を付した）とあるから、丹波瓜は喜ばれる名物（今風にいえば、マスクメロンとなるか）であったと推測される。ゆえに玄清は持参したのだろう（永正十三年六月十八日には林檎《りんご》一盆を持参している）。十月六日、十九日には、尚通は、玄清を肖柏と共に「朝飯」に招いている。永正八年六月二十九日には、玄清と北野社守厳《しゅごん》に「古今内相伝」を授けている。永正十三年十二月三日には、古今伝授において、秘伝を切紙に書いて伝授する「古今切紙」伝授が行われている。永正十四年五月二十七日には、「古今注二部」が送られている。その他、年始・年末の来賀、毎月一日の来賀、連歌、和漢連句など、永正十七年十二月二十七日までかなりの頻度で登場する。

右記にある通り、玄清と実隆の関係は、玄清・尚通以上にはなはだ深いものであった。その深さは、繰り返しになるが、現代的な意味における文学的な交流だけでは決してなかったことを強調しておきたい。古典的書物が流通・交換財となった時の仲介者、つまり、買い手・売り手を見つけ出し、交渉する代理人的人間である連歌師（玄清）と古典的書物を持ち、あるいは借りて写し、あるいはそれを買い、あるいは新たに売る文化人（実隆）という財を通した関係が鞏固《きょうこ》にあったのである。

ここにおいて、文芸知・教養・書物と財・商品は「職業文芸家」たる連歌師を媒介にして見事に融合するのである。それは、実隆という巨大な知を有した貴族と、連歌師という「職業文芸家」にして商人＝媒介者＝フィナンシャルプランナーとの融合によって、実隆の所蔵物、制作物、書写物、実隆筆のある扇・銘文をほしがる多くの人たちに向けた、一つの市場が出来上がったことを意味していた。

宗祇と実隆

ここで、実隆と宗祇の関係に入りたい。実隆に古今伝授を行ったのは宗祇であるが、玄清の師である宗祇はいうまでもなく、玄清以上の「職業文芸家」的役割を果たしていた。『実隆公記』にはじめて宗祇の名前が登場するのは、文明九（一四七七）年二月二十日条にある、「宗祇法師編集する所の竹林抄冬部《連歌抄物序一条禅閣》」を書写してほしいとの内府（三条公敦《きんあつ》）からの書状内であるが（前掲宮川葉子『三条西実隆と古典学』）、実際の人間的な交流が始まったのは、「早朝、宗祇の草庵において、源氏第二巻（箒木《ははきぎ》）の講釈がある」（同年七月十一日条）、とあるから、この日からとみてよいだろう（前掲伊地知鐵男『宗祇』）。

なお、廣木一人の考証によって、宗祇の種玉庵《しゆぎよくあん》（文明八年完成）の位置が確定した。種玉庵は、入江殿（三時知恩寺《さんじちおんじ》）・近衛殿（御霊殿《ごりようどの》）と隣接し、東には室町殿（室町殿義政・将軍義尚さらに後土御門《ごつちみかど》天皇の仮御所でもあった）、北には三条西邸が控えていた場所にあったのだ。そこは応仁の乱以降の京の中心地である（廣木一人『室町の権力と連歌師宗祇』三弥生書店、二〇一五年）。

種玉庵で催される歌会・連歌会にも実隆はたびたび出席しているが、宗祇も何かことあるごとに実隆邸を訪ねているのは、両人の関係の深さが第一に挙げられるが、両人の住居の近さも大いに関係していたとみてよいだろう。この京の中心地にそれなりの規模（廣木が強調するように、「庵」といっても一〇人以上が歌会をやり、その後「斎食《さいじき》」「盃酌《はいしゃく》」を伴う宴を挙行できているのであるから、かなりの規模であると考えて問題ない）の邸宅（『実隆公記』長享二〈一四八八〉年十一月十九日条）を持てるというのであるから、それだけでも宗祇の経済力、およびそれを支える政治力や人脈力がうかがわれるが、ともかくそれらを実現する力量を備えていたのが宗祇という人物なのだと押さえておきたい。だからこそ、実隆のフィナンシャルプランナーも可能なのである。単なる連歌師ではないのだ。

宗祇の死

さて、宗祇が没するのは、文亀二（一五〇二）年七月三十日である（奥田勲『宗祇』吉川弘文館、一九九八年）。実隆が宗祇の死を知ったのは、同年九月十六日、かの玄清からの通報であった。実隆は「驚き歎いている心境に喩《たと》えるものがない、これほどまでのうろたえぶりはこれまでなかった」と衝撃を隠せないでいる。『再昌草』では、玄清の話を聞いた後、

とし月の名残今一たひ対面もなくて世をさりぬる、いふばかりなくあはれにて、よろづかきくれ侍しに、行二法師《ぎょうじほうし》もとよりこの事申をくりて（長年の名残、今一度の対面もなくて、宗祇は世を去ってしまった、なんとも言いようがなくさびしくて、万事につけて悲しみに沈んでいましたが、行二法師のもとから、この件について歌を送ってきて）

きくことのたがふも世にはならひあれば老の別《わかれ》よいつはりもがな（聞くことが違

うことも世中にはよくあることなので、老いの別れがうそであったらな）

返事

ことはりのたがはぬ老の別ともおもひなされずきく事ぞうき（道理に合わないことがない老いの別れであっても、そのように思い込むができないで聞くことは辛い）

おりく〵ゐ中くだりのいとまごひ侍し時の事なと、思つゞけて（折々、宗祇が田舎に下る際に暇乞《いとまご》いに来た時のことなど、思い続けて）

いくたびかこれぞかぎりといひをきしわかれながらもめぐりあひしを（何度もこれが最後ですと言い置いた別れであったが、その都度巡り会えたのに）

とあるように、実隆は悲しみの極みにあった。行二法師詠への返歌、「ことはりの」詠、さらに「いとまごひ」のことなどを思い出して詠まれた「いくたびか」詠は実隆の悲歎を示して余りあるだろう。とりわけ、「おもひなされずきく事ぞうき」「わかれながらもめぐりあひしを」という文言には深刻な喪失感を認めたくない実隆の率直な思いが表出されてはいまいか。

その後、十一月十日に開催された宗祇の百箇日法要では実隆はさらに二首の追善和歌を贈って回向《えこう》している（「猶如火宅　二楽題　いかばかりくゆるおもひの家ならん立出《たちいづ》る道をしらで過《すぎ》なば〈どれほどか悔いる思いの家になるだろう、出家する道を知らないで過ごしてしまうなら〉、色即是空　春秋ととまらぬ物をことの葉の色にそめてもながめこし哉〈春秋とじっとせず止まらないものなのに、言葉の色に染めて（和歌を）ぼんやりと過ごし（詠んで）きたものだなあ〉」）。

実隆と宗祇の交流は三四歳の年齢差（実隆が年少）がありながら、二五年の長きにわたるものであった。二人の間には、伊地知鐵男が「友情真情のただならなさ」「格別な間柄」と表現したように（前掲『宗祇』）、深い心の交流があったことは疑いえないだろう。だが、その一方で、実隆にとって宗祇は「利用価値の高い相談相手であったが」、「一面では学問上の師であり、また他面では経済的な援助者であった」と芳賀幸四郎が冷徹に断じた面も、玄清以上に確固たる事実であったと思われる（前掲『三条西実隆』）。つまり、友であり、師弟関係であり、同時に、生産者と営業担当者（時には資金調達係）といった、ステークホルダーでもあったということである。

延徳元年の実隆と宗祇

そうした実隆と宗祇の多層的な関係を端的に示すのが伊地知鐵男も挙げていた延徳元（一四八九）年十二月の例である。この年、実隆は三五歳（二月、権中納言から権大納言に昇進）であった。宗祇は六九歳である。

延徳元年の交流

今日、宗祇法師孔方《こうほう》千疋秘計の事之《これ》在り（『実隆公記』延徳元年十二月十七日条）

ここで示される文言の内容は、「孔方」が「銭」の異名だから、宗祇が実隆のために、銭一〇〇〇疋（約一〇〇万円）を金策（秘計）して用立ててくれたということである。後段にこの時期のことを再説するが、どうしてこれほどのお金を必要としたのかははっきりとはわからないものの、実隆が困窮していた事実は間違いない。

そこで、延徳元年（長享三年八月二十一日改元）の一年間の両人の関係を洗ってみよう。

そこから、実隆の経済状態と知の関係および実隆と宗祇のステークホルダー的関係が端的に見い出せるからである。

元旦から実隆は「歓楽《かんらく》（病気の異名）の為」誰とも会わない。八日に宗祇がやってくるが、「謁《えつ》せず、無念、々々（会わない、無念、無念）」と残念がっている。十日、使者を鷲《わし》巣《ず》のもとに送り、濃州《のうしゅう》の綿（真綿《まわた》のこと）のことを催促している。年貢が滞っているからだろう。二十二日は濃州室田本役（年貢）が、西園寺家分の三分の一が実隆の取り分となることを幕府奉行人の飯尾四郎右衛門（種貞か）に命ぜられた。また、右衛門は東山殿（義政邸）で家司中沢備前（新兵衛）にこのことを語る。これを実隆は備前から聞き、「珍重の事（素晴らしいこと）」と喜んでいる。二十九日に宗祇がやってくる。新情報は三つ。一つは、『古今集』の「古今」は「今」が大事であると、宗祇は藤原定家《ていか》《さだいえ》の『詠歌大概《えいがたいがい》』などから説明。二つは、冷泉為広《れいぜいためひろ》に細川政元《まさもと》が古今伝授を依頼し、為広は上冷泉家には口伝が断絶しているとして断ったこと。三つは、藤原為家《ためいえ》の後妻であり、『源氏物語』を飛鳥井雅有《あすかいまさあり》に読んで聞かせた阿仏《あぶつ》の聞書が冷泉家に残っているという情報であった。

正月だけに限っても、実隆にとって、古典・家計・人間関係など、宗祇を使っての情報収集はほぼ断絶なく併存していることが右記から了解される。

年貢と文事

引き続き『実隆公記』から実隆と宗祇の関係をみていく。

二月十日、実隆は宗祇の種玉庵で催された連歌会のために、懐紙《かいし》を送り、扇歌（昨日四本を所望された）を書いて送った。『詞花集《しかしゅう》』の「借請（借り出し要請）」があったので、これも送る。晩になって宗祇が来訪した。毎月定例の和歌会における今月の題である「月題」を持ってくる。同日、中沢が上洛し、美濃の国衙《こくが》領年貢の一部が三〇〇〇疋南昌庵《なんしょうあん》（東福寺内の塔頭の庵主）に到来した。「天与と謂ふべきか（天からの贈り物というべきか）」「千秋万歳」と喜んでいる。十一日、南昌庵が来訪し、一〇〇疋を納める。「珍重」とこれまた感激している。だが、実際は一〇〇〇疋ではなく一〇〇〇疋きたとのことである（美濃→南昌庵→実隆邸という運搬ルートになっているのだろう）。宗祇来訪。昨日の一座（宗祇が書き記した連歌懐紙であろう）をみる。

三月三日、宗祇来訪。「古今集序聞書幷三ヶ所内切紙一、短歌事切紙一」を持参。密覧すると「口伝子細」があったとか。「一盞《いっさん》」（酒）を勧め、夜帰参。五日、宗祇の絵に懐紙を送る。十九日、宗祇が来訪した。二十七日、姉小路基綱、江南院《こうなんいん》（寂誉《じゃくよ》、前参議万里小路春房《までのこうじはるふさ》）、中原師富、宗祇が来訪した。昨日、江州陣中で没した足利義尚らについて風聞し、「愁嘆是非する能はず（愁嘆の思いはああだこうだと判断できないくらいだ）」と悲しむ。眼病で悩んでいたので宗祇が日薬を送ってくる。

三月は、普段と変わらないが、義尚の死は文事での交流も大にあったので、実隆にとって大衝撃であった。宗祇が実隆に目薬を送っていることは、実隆の健康にまでもケアしている事例なのでもっと注目してよいだろう。他方、宗祇は、三月二十九日に中国地方に下向するために離京した。五月八日に山口に到着しているから、当面、『実隆公記』には現れない（前掲奥田勲『宗祇』）。

家計の話題

四月十日、濃州の苧関《お》（「苧の輸送路の儲けられた苧課役を徴収するための関所」）のことについて西尾から返答があり、委細を夜久《やく》重種《しげたね》に言い含めている。青苧座《あおそざ》の本所料は実隆にとって極めて重要な収入源であった（廣木一人「連歌師の一面―苧公事と宗碩・宗坡・周桂・宗仲など―」『文学』二〇一一年七・八月号、同『連歌という文芸とその周辺―連歌・俳諧・和歌論―』新典社、二〇一八年に再収）。この手の問題で実隆の手足となるのが、重種であり、中沢新兵衛である。二十四日、濃州の苧関のことを決めている。用脚《ようきゃく》（金銭）が少し到来し、官女の給与として分ける。

七月二日、濃州国衙の用脚二〇〇〇疋が到来した。「治定自愛せしむべき者なり（落着し目出度いことだ）」と大満足。十九日、宗長が来訪した。「一盞を勧」める。二十日、波々伯部《ほうかべ》宗量《むねかず》（細川政元の家来、和歌・古典を好む武将でもある）が宗長を伴って来訪した。丹州の家領のことで申し入れる。右京大夫（政元）が決して「等閑」しない旨、即ち、安堵のことを伝える。この仲介をしたのが宗祇であり、「宗祇法師の高恩なり」と記す。二十九日、宗長が来訪した（『実隆公記』活字本のこの箇所は判読不能文字のところに「祇」を補っているが、宗祇が帰京したのは九月十七日であり、これは「長」の間違いだろう）。波々伯部の書状が今日伝達されたと伝えた。二十日で問題となった丹州知行分についてである。

七月も普段通りだが、今回は二日、二十日の財がらみの話題が重要だろう。とりわけ、細川政元による丹州の家領安堵が大きい。「宗祇法師の高恩」といっているが、宗祇は文明十八（一四八六）年二月二十五日、細川政元主催の「千句連句」にも出座しており、すでに政元との交流があった（前掲奥田勲『宗祇』）。だから、間に入って仲介してくれたのだろう。実際に動いたのは宗祇の弟子宗長だろうが、裏で指示を下したのは山口にいた宗祇だったはずである。ここまで面倒をみるとなると、実隆をしてかくなる発言は自然に出てくるのではあるまいか。

八月二十六日、濃州室田の件で、「奉書文証案一両通」の写しを中沢新兵衛のもとに遣る。鷲巣の綿の件で、重種の書状を斉藤越後守のもとに遣る。

九月三日、濃州室田・鷲巣綿の件、奉書三通を中沢が送ってくる。「珍重々々」とあるので、うまくいっているのだろう。十五〜十六日、肖柏来訪。十七日、濃州室田本所三分の一の少分を飯尾四郎右衛門が納める。「千秋万歳祝著々々」と大満足。中沢新兵衛に礼状を送る。同日、宗祇が九州から上京して来訪するも、他に行っていたので会えず、「遺恨々々」と歎く。十八日、宗祇の許に使者を送り、昨日の詫びと上洛珍重の由を伝える。午後、返事がくる。大内政弘《おおうちまさひろ》の書状もあり、それによると、実隆の昇進祝いの太刀と用脚を送った。その船がもうすぐ着くだろうとの由。ついでに判読不能箇所のために正確に読み取れないが、物語（『源氏物語』か）の書写依頼などもあったか。二十日、宗祇来訪。二十一日も宗祇来訪。義尚発案だった「打聞（私撰集）」再興のことで内談。二十二日、宗祇来訪。その後、大納言入道（飛鳥井栄雅《えいが》）の許に行き、「打聞」を語ると、栄雅も「尤《もっと》も然るべし（その通りでしょう）」との返事。二十六日、宗祇来訪。『廬山寺恵遵論師観《ろざんじえじゅんろんじかん》経科注草本《ぎょうかちゅうそうほん》』を持参。「早速出現神妙、尤も鴻宝《こうほう》と為す者なり（早速現れたことは奇跡的だ、第一の宝とするものだ）」と実隆は大感激。二十九日、宗祇が同日「沈（沈香《じんこう》）一裹《ひとつつみ》」を送ってくれる。「自愛々々」と感動。

十月十一日、入江殿（三時知恩寺椿性《ちんしょう》女王）に参じ、帰路、宗祇の種玉庵に寄って帰宅。十四日、宗祇来訪。明日から湯治のため温泉に行くと告げる。二十五日、禁裏で月次《つきなみ》連歌会。夜になり、三〇首御続歌。

十月、宗祇は湯治のため京を離れる。

十一月十六日、宗祇来訪。『連歌《れんが》十問最秘抄《じゅうもんさいひしょう》』（二条良基《よしもと》が大内義《よし》弘《ひろ》に下賜したもの）の新写の奥書に宗祇の一文を載せるべきと大内政弘が所望。どのような文章にするか、相談して、実隆が自分の考えを示す。また、同書の銘も記すことになった。十八日、宗祇の『古今序聞書《こきんじょききがき》』校合終わる。二十四日、美濃国衙公用一五〇〇疋が到来する。

宗祇による用立て

十二月十二日、濃州国衙者から一〇〇〇疋余りが到来するが、「旧借共」を少々返す。まだ借金があったということか。十七日、宗祇法師が一〇〇〇疋用立てる。十八日、猪苗《いなわ》代兼載《しろけんさい》来訪。宗祇に代わって連歌会所奉行となる。迷惑（困惑の意味だろう）の由を談ずる。十九日、播州穴無郷《あなしごう》から公用（年貢）一〇〇〇疋到来。二十二日、三栖庄《みすのしょう》収納。「珍重々々」と喜ぶも、「当年以外は遅怠か」と収納が不確定になっていることを歎いてもいる。二十八日、召しにより参内すると、節会で皆が借りる「南殿装束」がことごとく「失却」していた。これでは節会もできない。「諸人仰天の外無」い状態だが、暦応年間（一三三八〜四二）にもこのようなことがあったという。二十九日、元日の節会は停止となったが、小朝拝のみ行われることになった。実隆は「毎時惘然《ぼうぜん》」としている。

以上、実隆と宗祇（およびその弟子たち）の動向に絞って延徳元（一四八九）年を追ってみた。省略したが、実隆が恒例の連歌（和漢連句・連歌）会や臨時の和歌会にも必ずといってよいほど出席（参仕）し、多くの人に会い、そのたびごとに一盞を勧め、そうした合間に書物を書写し、所望の銘・奥書・扇を書き遣り、宗祇とは文事から家計までの交流を結んでいた。実隆にとっては、すべての行事・公事・文事・宴は一つとしてゆるがせにできないものなのであった。これが家計的困窮の一因になったことは想像に難くないけれども、そうとはいっても、人との交流や行事・公事を欠かすことはできないというのも実隆という公的人間の実生活であった。

こうした生活をしている文芸知の達人にしてさまざまなネットワークを持つ貴族である実隆と、貴顕の面々と縁を作りたがっている宗祇とが結ばれたらどうなるか。知と財が融合されるのはまさに当然の事態となり、この延徳元年時点ではとっくに融合されていたのである。実隆が他の貴族と較べて、苦しい家計ながらもなんとかそれなりの体面と家格を維持できたのは、遅怠気味ではあったものの入ってくる年貢だけではなく、築かれた文芸知を宗祇らの手腕によって財に転換する術を有していたからであった。加えて、実隆のまじめさ、知に対する誠実さ・真摯さもあった。

しかし、知と財の融合によって、地方の守護被官レベルや前述した浄土真宗松岡寺《しょうこうじ》（蓮如《れんにょ》の孫蓮慶《れんけい》＝兼玄《けんげん》）に至るまで『源氏物語』や『古今集』といった古典が普及していき、結果的に古典的公共圏は縮小どころか、全国レベルで拡大したのである。その延長線上に、お金を出せば、古典的書物が購えるようになる、出版文化が産業として定着していく近世社会が控えていたことは忘れてはならないだろう。実隆・宗祇らの行動なくして、古典の王国としての近世など生まれなかったに違いない。

知と財の融合

実隆の生きた時代は、ポスト応仁の乱（一四六七〜七七）という古典文化再建期に相当する。応仁の乱は、周知のように、寺社・禁裏など厖大な建築物、経典、書物を焼き払ったが（桜井英治『室町人の精神』講談社学術文庫、二〇〇九年、原著二〇〇一年、呉座勇一『応仁の乱』中公新書、二〇一七年）、実は、このある意味で徹底的な破壊行為こそが、後土御門天皇を中心とした古典籍復興運動に繋がり、実隆の古典籍書写や宗祇から受けた古今伝授・『源氏物語』『伊勢物語』講義といった古典学を推進する契機となったのではあるまいか。

だが、一等肝腎なことは、内藤湖南《ないとうこなん》が断じたように（「応仁の乱に就て」一九二一年）、応仁の乱は日本の歴史を二分する転換点であったかもしれないが（前掲呉座勇一『応仁の乱』によれば、実は当初はこれほどの大乱になるとは誰も予想していなかったのだが）、伝統的な文化やその象徴を完全に破壊するまでには至らなかったということである。それどころか、古典文化の復活の契機を与えたのである。むろん、この動きを担ったのが、実隆ら知識人貴族と宗祇・肖柏・宗長・玄清ら連歌師、そして、鑑賞者＝読者＝消費者としての官人・奉行人・武将・被官といったこれまで古典的公共圏の圏外にいた人たちである。だから、実隆・宗祇ら連歌師による知と財の融合は、古典的公共圏の拡大と深化に結果したのであった。やはり、偉大な営為といってよいだろう。古典は古典の財化によって復活したのであるから。

書物の移動をめぐる力学

下賜された書物――『三十六人家集』の運命

後水尾院による和歌懐紙下賜

熊倉功夫の名著『後水尾天皇』（岩波書店、一九九四年、初版一九八二年）によると、慶安二（一六四九）年九月十三日、後水尾院《ごみずのおいん》は洛北《らくほく》の幡枝御殿《はたえだごてん》に御幸《ごこう》し、摂関家の一条兼遐《かねとお》（院の実弟。その後昭良《あきよし》と改名）、近衛信尋《このえのぶひろ》（院の実弟。このほぼ一ヵ月後の十月十一日に死去。五一歳）、『隔蓂記《かくめいき》』の記者である相国寺《しょうこくじ》の鳳林承章《ほうりんじょうしょう》など僧俗九名（息聖護院道寛法親王《しょうごいんどうかんほっしんのう》は欠席）を招いて、和歌会を催した（この件『続史愚抄《ぞくしぐしょう》』にも載っている）。夕刻、警固のために供奉《ぐぶ》していた京都所《きょうとしょ》司代板倉重宗《しだいいたくらしげむね》が呼ばれ、後水尾院から天杯《てんぱい》が下され、この日の和歌懐紙《わかかいし》一〇枚が与えられた。重宗は、感動のあまり、御前《ごぜん》で歌を詠じたばかりか踊るという振舞いに及んだという。

この逸話をどう読み解くかは、やはり同書に収められた、同年四月三日、重宗邸で開かれた茶会において、後水尾院から下賜《かし》された花と将軍家光から贈られた茶を眺めて、重宗が「加様ノ儀ハ京ニテモ、奈良ニテモ成間敷《なるまじき》ゾ（このようなことは京でも奈良でもあるはずがないぞ）」と呟《つぶや》いたというエピソードと絡めて、通常は、公武融和《こうぶゆうわ》の明確な証しとみるのが妥当であるかもしれないけれども、九月の歌会における重宗のやや度を超した浮かれぶりをみていると、どうやら公武合体といった政治的な意味合いではなく、重宗を踊らせたのは、和歌懐紙が後水尾院から直接に下賜されたという事実にあったのではないか。

それはこういうことである。禁裏《きんり》のトップとして「政務」（院政）を執り、かつ当代における歌壇の最高権威である後水尾院から直接懐紙を賜るという事実にあるのかもしれないが（上野洋三『元禄和歌史の基礎構築』岩波書店、二〇〇三年、鈴木健一『近世堂上歌壇の研究　増訂版』汲古書院、二〇〇九年、高梨素子『後水尾院初期歌壇の歌人の研究』おうふう、二〇一〇年）、それ以上にこの逸話は、その場で詠まれ記されたという和歌懐紙に付帯する同時代性（古典ではないということ）といった次元の問題を超えて、書かれたテクストや書物の贈与なるものがいかなる意味を持っていたかを象徴的に物語っているということである。

まず、院からの下賜が単なる興に乗ったがうえでのプレゼントではなかったことはいうまでもない。次に、そこに幾分かの政治的メッセージがこめられているということでもないだろう。それでは何があるのか。それは、上位者（後水尾院）が下位者（重宗）に「贈与」するという行為を通して、下位者が公的に承認された瞬間であったということだ。重宗は、わざわざ院の近くに呼ばれて和歌懐紙を手ずから下賜されたという事態から、己自身が後水尾院の象徴する「公《おおやけ》」秩序内的存在となったことにはっと気づいたのではないか。ある意味で、理想的な主従関係である君臣《くんしん》和楽《わらく》の世界がその瞬間に生成したということである。ゆえに、歌を詠じたのみならず、つい踊ってしまう仕儀となってしまったのである。

『三十六人家集』の変遷

ここで、「下賜」の問題をさらに敷衍《ふえん》化するためにも、やや時代を遡り、室町期においてそれなりに注目してよい事例を挙げたい。

それは、後奈良《ごなら》天皇（一四九六～一五五七）から本願寺《ほんがんじ》一〇世証如《しょうにょ》（一五一六～五四）に下賜された西本願寺本『三十六人家集《さんじゅうろくにんかしゅう》』（国宝、現西本願寺所蔵）のことに他ならない。しかも、やや先走って同書についていえば、下賜はこの件だけで終わらなかったという後日談までついていた。下賜が行われた約三〇年後に、証如の跡を継いだ本願寺一一世顕如《けんにょ》（一五四三～九二）から前関白にして准后《じゅごう》であった近衛前久《さきひさ》（一五三六～一六一二）に献上されるものの、前久にやんわりと拒絶されて、再び本願寺に戻ってきたという曰くつきの書物でもあったのだ（ことの詳細は後述する）。とはいえ、こうした下

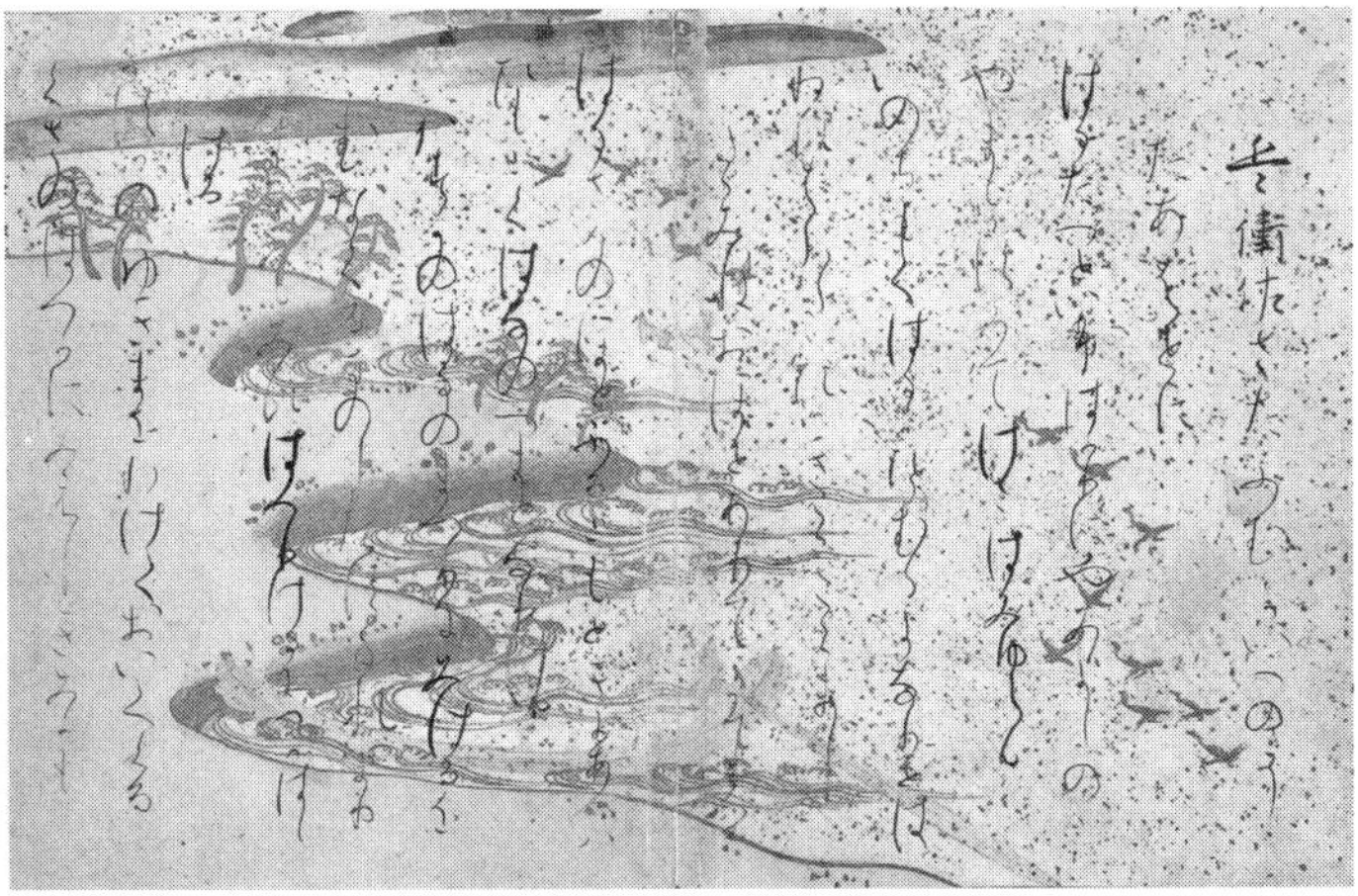

図16　『三十六人家集』（本願寺所蔵）

賜ないしは下賜拒絶といった複雑な変遷を辿った書物であるという事実が逆に書物の移動と権力をめぐる問題を考える際の適例を計らずも提供してくれているのである。以下、『三十六人家集』の移動の物語とそれに纏《まつ》わる諸事情を絡めながら語っていこう。

証如への下賜

最初に、事実関係を確認しておく。証如の日記である『天文日記《てんもんにっき》』（『証如上人日記』）天文十八（一五四九）年正月二十日条には、

一、禁裏から女房奉書がきて、『三十六人家集』を拝領致しました。門跡が坊《ぼう》官《かん》鳥《とり》居《い》小路《こうじ》経乗《きょうじょう》に託してお手紙で事情をお話になりました。

一、証如が僧正《そうじょう》に昇任することにつきまして、きたる二日より前にそのお指

図をしたいとのことも主上（後奈良天皇）はおっしゃっておられます。（原記録文、『大系真宗史料　文書記録編九　天文日記Ⅱ』二〇一七年）

とある。これとほぼ同じ内容が門跡（の「御ちご衆」、女房と同格なのは門跡では「稚児《ちご》衆」になるので、宛名は「稚児衆」となる）に宛てた「女房奉書」にみられるが、『天文日記』と微妙な差異を示していて興味深いものがある。

下賜の理由

「女房奉書」では、下賜の理由として、『天文日記』には記されていない、「ほんぐわん（本願）寺法印さうし（草子）などすきのよし、きこしめしをよばれ候まゝ、れうし（料紙）などもめづらしく候まゝ、くるしからずはつかはされたくおぼしめし候（本願寺法印＝証如は草子などが好きとのことを、主上はお聞きになっておられましたので、料紙などもめったにない貴重なものでございますから、こちらに一切差し支えがないので差し上げたいとのお考えです）」（宮崎円遵「本願寺本三十六人家集の拝領と伝持」『西本願寺本三十六人家集　別冊二』〈墨水書房、一九七四年〉に引かれた本文に句読点・濁点などを付した）とあるように、証如の「さうし」（草子）好きが挙げられている。また、『三十六人家集』の料紙も「めづらし」いものなので、証如の趣向に適うだろうともいっている。ここでは、後奈良天皇は証如の今日でいう趣味を尊重して下賜したということになっているが、そのような個人的な趣向だけで、下賜が実現しなかったことは、『天文日記』・「女房奉書」が共に記す「僧正事（極くわん〈官〉の事）」に関する記載からただちに推測される。簡単にいえば、「さうしなどすきのよし」は体のよいレトリック、あるいはとってつけた言い訳に過ぎないということだ。

さて、「僧正事」とは、証如の僧正昇任人事（当時、大僧都《だいそうず》であった）に関する事柄である。早島有毅によれば（「解説」『太平真宗史料 文書記録編八 天文日記Ⅰ』二〇一五年）、天文四（一五三五）年、なんとか細川晴元《はるもと》・木沢長政《きざわながまさ》と和解が結ばれ、翌五年八月には、「公儀御赦免之儀《こうぎごしやめんのぎ》」が伝えられ、享禄《きようろく》の錯乱《さくらん》・天文《てんぶん》の錯乱以降の「公儀謀反人」の地位をようやく脱することができてから、本願寺が改めて目指したのは青蓮院《しようれんいん》の脇門跡《わきもんぜき》であったという。だが、証如には「直叙法眼《じきじよほうげん》」という僧位があるだけで僧官を有していない事情を受けて、脇門跡は断念し、その代わりに望んだのが僧官への昇任であった。ここにある「僧正事」が昇任運動の一つの結実であろう。実際には、天文五年にはまず大僧都に昇任し、天文七年六月末には勅許《ちよつきよ》によって本願寺は「勅願所」となった。そして、右記の日記が示唆するように、天文十八年正月二十六日に勅許によって証如は権僧正《ごんのそうじよう》に任ぜられたのである。『三十六人家集』下賜に続く昇任は、証如および本願寺の狙いに沿ったものであったが、そうした一連の事態の背後には、日記にもたびたび登場する「門跡」の存在があったことをここでは押さえておきたい。

青蓮院門跡を介して

ここでいう「門跡」とは、後奈良天皇（禁裏）の同母弟である青蓮院門跡尊鎮《そんちん》法親王（一五〇四〜五〇）のことである。尊鎮と証如とは、本願寺が名目上青蓮院の末寺であったことから、以前から深い関係、いってみれば、主従関係があった。実際には、後述するように、青蓮院を財政上支える存在が本願寺の立ち位置なのだが、大事なことは、こうした関係に基づいて、本願寺の禁裏（後奈良）との交流・交渉はほぼ本寺である青蓮院門跡（尊鎮）を介して行われていたという事実である。後奈良天皇の朝廷は、いわゆる「式微《しきび》」（衰退）の極みにあり、後土御門《ごつちみかど》天皇以来大嘗会《だいじようえ》は途絶え（復活は貞享四〈一六八七〉年）、即位礼とて践祚《せんそ》後、地方武将の援助により一〇年後ようやく挙行したといったていたらくであった。こうした状況の朝廷にあっては、援助を申し出る者は、地方武将でも本願寺でも何でも構わなかったであろう。そうした時、本願寺は絶好の位置につけていたといってよい。なにしろ門跡の兄が禁裏なのであるから。『三十六人家集』下賜のケースも、禁裏から門跡に女房奉書が出され、次いで、門跡から本願寺に御書《ごしよ》が出されて、本願寺に通知された。本願寺が門跡を通して禁裏に接近したことは疑いを入れない。

そして、禁裏さらに門跡にとって、本願寺が近づいてくることは、今日でいう、ウィンウィン関係となるものとして理解されたはずである。前述した通り、式微状態の禁裏、さらに、かつての栄光は今いずこといった青蓮院門跡にしても、本願寺を財政上の援助者として大いに歓迎していたし、他方、新興宗教勢力として最大規模であった本願寺はよるべき最高権威として禁裏・門跡に期待をかけていたからである。そもそも「僧正事」にしても、当時においても僧綱《そうこう》授任権は天皇にあり、禁裏に近づかなくては、寺格のレベルアップも不可能なのであった。本願寺は、衰退する禁裏・門跡の弱いところを衝いて、自らの勢力を正統的権威に裏づけされた公的存在に変えようとしていた。じつにしたたかなのであった。

そこで、『天文日記』を紐解くと、禁裏・門跡に対する本願寺の貢献の実態が、証如の筆まめも手伝って、詳細に記されていることが判明する（石田晴男「『天文日記』の音信・贈答・儀礼からみた社会秩序―戦国期畿内の情報と政治社会―」『歴史学研究』六二七、一九九一年）。とりわけ、門跡尊鎮は証如に依存していたようだ。以下、『天文日記』から注目すべき記事を列挙してみたい。

①御料所《ごりょうしょ》加賀富安荘《とみやすのしょう》が尊鎮に下賜され、後奈良天皇は証如に命じて、同荘を違乱《いらん》する者の不法を停めさせる。（天文五〈一五三六〉年十月十五日条）

②尊鎮の執奏《しっそう》によって、証如、大僧都に補せられ、お礼として禁裏に緞子《どんす》（浅黄《あさぎ》五貫余り）一端、盆（剔紅《じっこう》三〇〇疋余り、人形）一枚を目録によって進上する。（同年十月二十

八日条・同年十二月二十七日条・六年正月十四日条）

③尊鎮、証如に「東山御造作」の費用を助成させる。（六年十二月十二日条・十三日条・十年五月三日条には「五ヶ年之間毎年千疋ヅ、可二進上一之由、被レ仰候（五年間は毎年一〇〇〇匹ずつ進上してくれと門跡はおっしゃられました）」とあり、以後、仰せの通り実施される）

④尊鎮、証如に『花鳥《かちょう》余情《よせい》《よじょう》』を下賜する。（八年十月十一日条、十三日条には「仍御礼以二書状一、御樽代千疋、以二目録一進レ之候（よってお礼は書状を通して行いました。御樽代一〇〇〇疋、目録を通して進上しました）」とある）

⑤尊鎮、大坂本願寺に渡御《とぎょ》する。同道は万里小路惟房《までのこうじこれふさ》（大僧都昇任時の職事）、東坊城長淳《ひがしぼうじょうながあつ》（証如の祖母の縁戚、前掲早島有毅「解説」参照）であった。（九年一月二十三日条）

⑥尊鎮へ「万葉集八巻幷註尺五冊」を「返献」する。（九年八月五日条に「万葉両度ニ悉令二返上一也。仍三種一種若根三荷手作古酒進上候（『万葉集』は二度使ってすべて返上しました。よってお礼として三種（一種若根）三荷（手造古酒）を進上しました）」とある）

⑦尊鎮の「御筆」で書かれた『愚問賢注《ぐもんけんちゅう》』を拝受する。また、将軍足利義晴《あしかがよしはる》御台所《みだいどころ》慶寿院《けいじゅいん》（近衛尚通《ひさみち》女）にも、尊鎮は「伊勢物語同御筆」を送られる。（九年十月十六日条に、慶寿院からお礼として「伊勢物語之御礼、絹二疋」が門跡に進上されるとある）

⑧尊鎮へ「色葉《いろは》之一巻大乗院殿御筆」を「返献」する。（同年十月二十二日条、大乗院はこの時期、九条尚経《ひさつね》息尋円《じんえん》である）

⑨尊鎮、証如に「紫　鰭袖無《むらさきのひれそでなし》」を下賜する。証如は門跡御衣《おんぞ》と同様だからと三度拒絶するが、拝領する。（十五年八月七日条、十七日条には「門跡へ為二紫鰭袖無御礼一三千疋、以披露状献レ之使栗津弥二郎（門跡に紫鰭袖無のお礼として披露状によって三〇〇〇疋を進上します。使は栗津弥二郎）」とある）

⑩証如、尊鎮が「御不弁過レ法（門跡の不如意《ふにょい》は度が過ぎる）」ので「二千疋」を献上する。（十六年九月二十二日条）

⑪「極官（権僧正）」のお礼として、禁裏に二〇〇〇疋献上する。（十八年二月二十五日条に「一、禁裏へ、為二極官御礼一、以二一札并目六一、弐千疋献二上之一。一、又為二　勅書御礼一相二添一章、目六、太刀代三貫、仕太刀一、弐千疋進上。一、門跡へ、以二短章目六一、万疋献レ之。（一、禁裏へ、極官のお礼として、一札と目六を通して、二〇〇〇疋献上しました。一、また勅書お礼として、一章、目六、太刀を相添えて、二〇〇〇疋献上しました。一、門跡には、短章目六を等して、万疋献上しました）」とある）

⑫門跡（尊鎮、十九年九月十三日入滅）の後継者が伏見宮《ふしみのみや》若宮（貞敦《さだあつ》親王の子、尊朝《そんちょう》、当

時六歳）に内定する。（二十一年二月十三日条、門跡の御殿新造について「五千疋」を献上する、二十二年九月二十六日条）

実に壮大なスケールの援助が本願寺から青蓮院門跡に行われていた。そこから、青蓮院門跡（尊鎮および次の尊朝）と証如との、荘園《しょうえん》の警固、御殿修造、金銭献上などという経済的な依存関係が汲み取れるが、それのみならず、門跡を通して禁裏まで巻き込んだ、門跡・禁裏と本願寺の間において「贈与交換関係」ないしは贈与（進上・献上／下賜）に基づく相互依存システムがあったと思われる（金子拓『中世武家政権と政治秩序』吉川弘文館、一九九八年）。

本願寺と青蓮院との経済的な関係

室町期において、天皇（ないしは宮）家（道円《どうえん》・尊傅《そんふ》・尊鎮・尊朝）・摂関家（尊応《そんおう》・義快《ぎかい》〈足利義教猶子《よしのりゆうし》〉）・将軍家（義円《ぎえん》〈義教〉）の子弟のみが門跡となることができ、仁和寺《にんなじ》と並んで最も寺格が高い門跡とされた青蓮院といっても、一六世紀中葉の天文年間ともなると、右記の史料が如実に示すように、経済的な力関係では、門跡・禁裏は本願寺に完全に逆転されていた（下坂守『中世寺院社会の研究』思文閣出版、二〇〇一年）。この観点からみると、『花鳥余情』『愚問賢注』「紫鰭袖無」の下賜、『万葉集抃註尺』『色葉《いろは》』の貸与も長年の援助に対する反対給付とみてもよいのではないか。大僧都昇進も尊鎮の口利きであり、権僧正昇進も先記にあるように、同様であったのだ。

こうして、証如は、青蓮院を媒介として禁裏（後奈良天皇）に近づき、莫大な援助をしながら、禁裏からも多くのものを下賜されていったのである。天文八（一五三九）年六月八日には「伏見天皇宸筆哥一巻、御盃一枚」（「先日御礼御樽代弐千疋」、二十一日条）、九月二十七日には証如の母（大方殿）に『栄花物語《えいがものがたり》』（甘露寺伊長《かんろじこれなが》を通して「御礼」「紅弐斤」、十月十三日条）、十一年四月五日には「帳台金物」、十五年十二月十八日には「金地錦一端」（「為二錦拝領御返一、絹、引合進二上之有目六一」（錦拝領のお返しとして絹を戴いたものと引き合うように進上した。目六〈録〉があります）」、二十一日条）などである。興味を引くのは、十七年四月には下賜された「鷹手本」を返上しながらも（二十六日条）、「門跡御所望物拝領之儀」ゆえ、六月にはお礼をしていることである（「為鷹手本御礼、唐糸十斤代廿貫、段子五端代拾三貫進二上之一」、十日条）。礼だけは欠かさないということであろうか。少し前のことになるが、禁裏から青蓮院を介して本願寺の系図をみたいとの要請があったとある（九年十月十六日条）。後奈良天皇が本願寺の由緒《ゆいしょ》に興味を持ったという点で興味深い。九年十月二十二日条に「叡覧」を経て返却されてきたことが記されている。

下賜と進上をめぐる互酬

天文五（一五三六）年以降、後奈良天皇・青蓮院・本願寺証如との間には、書物などの下賜、お礼の進上を媒介にしながら、極めて密接な関係が作られ、相互依存の体制になっていた。こうした下賜にまつわる行為が和歌懐紙を授けられて思いのほかに興奮した板倉重宗と同様、否、それ以上の意味合いを持ったことは想像に難くない。下賜・進上の互報行為を通して、本願寺は「公」秩序の一員という意識を自他共に持っていたことは容易に推測しうる。

そうした下賜／進上の延長線上に、天文十八年一月二十日の『三十六人家集』の下賜および「僧正事」（権僧正昇任）があったはずである。証如はこれらの下賜に対して、右記のように、いちいち「御礼物」を献じて謝している。むろん、下賜される以前に、下賜に値する貢献があったことは疑いを入れないが、天皇家・寺家＝「公」秩序を代表する禁裏（後奈良天皇）―青蓮院門跡（尊鎮）ラインに対する証如の貢献と、そのお返しともいいうる下賜と僧官昇任は、単なる贈与―返礼といった通常の「礼の秩序」関係に収まらず（前掲金子拓『中世武家政権と政治秩序』）、本願寺を「公」秩序内に組み込み、本願寺もそれを願うといった共犯的行為ではなかったろうか。

「公」秩序に入る意味

周知のように、本願寺は、広範に組織された一向衆徒《いっこうしゅうと》を基盤に置いた、これまでの伝統的な「公」秩序とも戦国大名とも出自と性格を異にする最大規模の新興宗教勢力である。一方で、確実に「公」秩序内に食い込み、その地位を上げていき、ついに、証如を継いだ一一世顕如の代、永禄二（一五五九）年十二月には念願の「門跡」に列せられるに至った（十二月十五日に「門跡成」りをしている〈『私心記』十二月十六日条「昨日、大坂へ万里小路殿御下候（昨日、大坂本願寺に万里小路惟房殿がお下りになりました）」〉）。十七日条に「上様御門跡に被二成申一候（顕如様は門跡におなりになりました）」とある。

そうしたありようから、宗教勢力の頂上に向け着実に歩む本願寺の抜け目のないしたたかな政治力に圧倒されてしまい、開いた口がふさがらないような印象を持つものの、特別な寺格であることを保証し、かつ、「公」秩序ないしは古典的公共圏の証ともいえる古典的書物の所有があったことも、さらに強調されてもしかるべき事実ではあるまいか。

顕如から前久への献上と返却

しかし、以上の次第で下賜された『三十六人家集』は、前述したように、ほぼ三〇年後、一〇年にも及んだ織田信長との激烈な本願寺戦争（これはやや前の新興勢力＝本願寺と最新の新興勢力＝信長との激突とみてもよいのではないか）が終息した天正八（一五八〇）年に、顕如から近衛前久《さきひさ》に贈与されることとなった。贈与の理由は、前久が信長との交渉を斡旋してくれたことへのお礼であるが、前久は、再三の申し出にかかわらず、これを返却している（青木忠夫『本願寺教団の展開―戦国期から近世へ―』法蔵館、二〇〇三年所収「〔史料二〕近衛前久書状（切封）」によれば、返却日は九月二日だという〈同日付本願寺宛前久書状〉。だが、十月二十六日付書状があることについては、「本願寺の熱意がよほど強かった」と青木は指摘する）。

その理由は、書簡（十月二十六日、本願寺宛前久書状）では「次三十六人家集之事、御懇之至候。乍レ去斟酌存候条、先返進申候、猶委曲丸山可レ申候（次に『三十六人家集』のことについては、ご厚情の至りです。そうとはいいながら、あれこれと考えることがありまして、なお詳しくは丸山に申し上げます）」とあるだけで不詳というほかはないけれども（前久書状は、前掲宮崎円遵「本願寺三十六人家集の拝領と伝持」より引用）、今後生じるに違いない信長との緊張を孕《はら》んだ関係（信長は前久を「なぜもらったんだ」と問い質すに違いない、そうでなくても、信長がよい気分にならないことだけは確実だろう）を考慮に入れて臆断すれば、これまで信長の手足となって、島津氏との交渉をやったりしていた前久だが（この際、島津氏に『百人一首』『和漢朗詠集《わかんろうえいしゅう》』『詠歌大概《えいがたいがい》』自筆本を送っている。むろん、黄金・金の唐鐘などそれ相応のお返しを受け取っている〈谷口研語『流浪の戦国貴族 近衛前久―天下一統に翻弄された生涯―』中公新書、一九九四年〉）、だからといって、本願寺とこれ以上密接にはなりたくないし、借りも大きくしたくないといった前久の絶妙なバランス感覚に基づく政治的決断が『三十六人家集』謝絶の最大の理由だろう。他方、本願寺にしてみれば、門跡の正統性を担保するがごとき家宝『三十六人家集』を手放してもよいほど、前久の斡旋には恩義を感じていたのだ。

こうして本願寺に落ち着くことになった『三十六人家集』の辿った変遷を思うと、古典的公共圏が拡大して、禁裏・門跡から新興宗教勢力たる本願寺にもしっかりと滲透《しんとう》しており、そこから、書物と権力が孕む力学をまざまざとみる思いがするだろう。いうまでもなく、至高の価値を有するとされるから、『三十六人家集』は取引材料となるのである。

本願寺という室町後期に至って急速に権門《けんもん》化した新興宗教勢力にとって、親鸞《しんらん》・蓮如《れんにょ》らの聖教《しょうぎょう》とは無関係な『栄花物語』『花鳥余情』『愚問賢注』『三十六人家集』（さらに『万葉集』や覚一本《かくいちぼん》『平家物語』など）といった古典的書物の所有を通じて、それらが放つ至高の価値をしかと認めながら、本願寺のレジティマシー（正統性）をさらに高めていったのである。

最後に、蛇足ながら、明治以降、法親王や貴族の子弟が就く門跡というものが消滅し、顕密《けんみつ》寺院は通常の本山とさして変わらなくなった中で、東西本願寺のみ世襲の門主が君臨し、気がつけば最も貴族的な門主がいる寺院になった（実際、戦前までは伯爵だったのだが)。これは、歴史の皮肉でも思わぬ仕返しでもない。そうではなく、室町期において最も過激な傾向を有した新興宗教集団であった本願寺が自己の立ち位置をよりよくするために、漸次、青蓮院・禁裏といった正統的権力に近づき、体制化していった到達点と見なしてもよいのではないだろうか。

物語としての「進上」——覚一本『平家物語』

覚一本『平家物語』の進上

「下賜」の反対は、「進上」である。これは下の者が上の者に何かを贈与することである。前節で、本願寺から近衛前久に「贈与」と記したが、それは、貴族的価値観でいえば、進上としてもよいが、すでに本願寺は門跡入りしていたので（天正十五〈一五八七〉年～慶長年間〈一五九六～一六一四〉の本願寺を記す『時慶記』の筆致は、西洞院時慶《にしのとういんときよし》と西本願寺の深い関係を差し置いても、高貴な門跡として扱われている）、やむなく「贈与」としたのであった。だが、書物を進上することも、「下賜」同様に、そこには権力・権威・正統性という書物以外のものが付帯していたことはいうまでもない。

そこで、将軍足利義満《よしみつ》に進上されたということになっている覚一本『平家物語』の問題

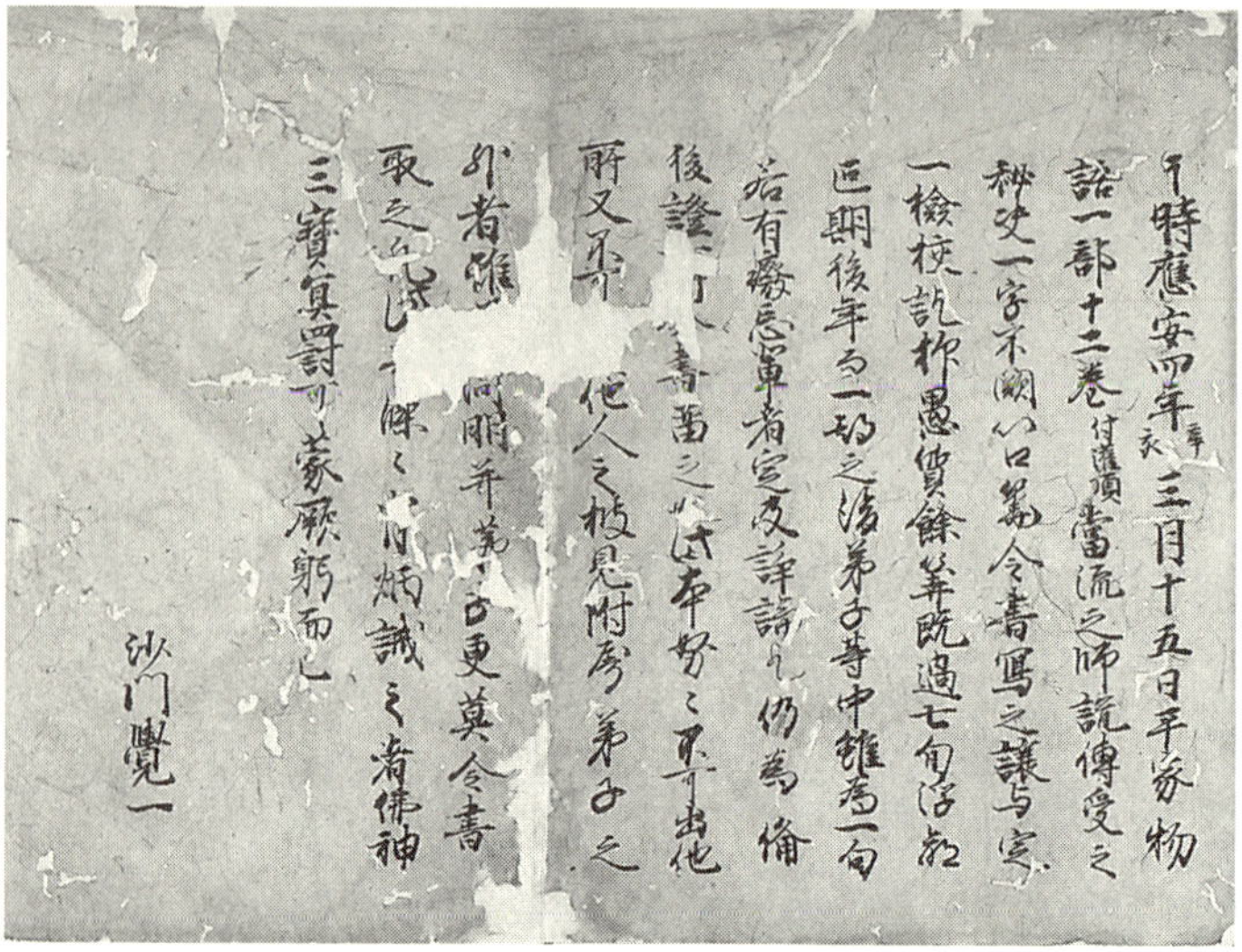
于時應安四年辛亥三月十五日平家物
語一部十二巻付灌頂當流之師説傳受之
秘决一字不闕以口筆令書寫之讓與定
一検校訖抑愚質餘算既過七旬浮命難
期後年之間一期之後弟子等中雖爲一句
若有廢忘輩者定及諍論歟仍爲備
後證令書留之所也此本努々不可出他
所又不可及他人之披見附属弟子之
外者雖同朋并弟子更莫令書
取之凡此等之條々於背炳誡之族者佛神
三寶之冥罰可蒙厥身而已
沙門覺一

図17　覚一本『平家物語』（龍谷大学図書館所蔵）

を考えてみたい。そこに、進上という贈与にまつわる権威への欲望の諸相がうかがえるからである。

まず、覚一本『平家物語』については、すでに兵藤裕己が指摘しているように、大覚寺《だいかくじ》蔵の覚一本奥書の記述に「右、此の本を以て、定一検校《じょういちけんぎょう》一部清書し畢《おわ》んぬ、爰に定一逝去の後、清書の本をば、室町殿に之を進上す、就中此の正本は、故検校清聚庵《せいじゅあん》ニ(之か)を納めらる〈右此の本によって定一〈原記録文〉検校が『平家物語』一部を清書し終えました。ここに定一が逝去した後、清書の本を室町殿に進上しました。とりわけこの正本は、故検校の清聚庵に納められました〉」とあるように、定一の没後に「室町殿に之を進上す」という。進上したのは定一の後を継いだ慶一《きょういち》であり、室町殿はこの時期足利義満ということになる。

また、龍門文庫《りゅうもんぶんこ》蔵覚一本灌頂巻《かんじょうのまき》奥書には、「此の本、覚一検校伝受の正本《しょうほん》たるの間、公方様（足利義政）より申し出、書写せしめ訖《おわ》んぬ（中略）文安三（一四四六）年孟夏の日　道賢（細川持賢）（此本は、覚一検校が伝受した正本であったので、公方様より申し出があり、〈正本を借りて〉書写し終えました）」（『大日本史料』）とある。「自公方様申出（公方様より申し出）」の箇所が敬語ほか言葉足らずで読み取りにくいが、その後に、書写を終えたとあるから、おそらく義《よし》政《まさ》から借り出して書写したといいたいのだろう。兵藤は「すくなくとも八代将軍義政の頃まで、「覚一検校伝授の正本」として将軍家に保管されていたことが確認される」と解釈している（兵藤裕己『平家物語の歴史と芸能』吉川弘文館、二〇〇〇年。その他、同『太平記〈よみ〉の可能性―歴史という物語―』講談社学術文庫、二〇〇五年、初版一九九五年、同『平家物語―〈語り〉のテクスト―』ちくま新書、一九九八年〈同書は『平家物語の読み方』ちくま学芸文庫、二〇一一年と解題され再刊された〉でも同様の見解が示されている）。

当道流が求めた権力

とはいえ、覚一本『平家物語』を義満に進上したこと、また、その本を義政から借り出したことについて、当時の他の文書・記録類にはそうした事実は現在のところ見い出せないので、それが事実か虚構かは判定不能だというしかない。そこを踏まえてやや推断すれば、この進上および借り出しについては、当《とう》道流《どうりゅう》が作り出した伝承ではないか、と疑えないわけではない。たとえば、近世初頭の『当道要集《とうどうようじゅう》』には、覚一は「足利家の庶流」であり、「明石を知行する故に」、「明石殿」と呼ばれたこと、「平家の音曲律の吟、四絃のしらべ先祖にこえ、妙をきはめ（平家物語を語る際の音曲律の吟詠、四絃の調べが先祖を越えて、とりわけすぐれていた）」たので、「光《こう》厳《ごん》院・崇《す》光《こう》二帝の勅聞に達し、御感のあまり、平家物語の内、清書本と申《もう》雲《すく》井《も》の書を下し給り、是に節を付て、汝が門葉《もんよう》に伝ふべしのと詔《みことのり》也（光厳院・崇光院という二人の帝のお耳に入り、ご感動のあまり、平家物語の中でも清書本と申す雲井の書を下賜され、これに節を付けて、当道流に伝えなさいとの詔があった）」（『大日本史料』）とある一連の叙述も、こうした事実は他の史料によって確認されないが、内容からして当道流の建国神話とみた方が無難だろう。

むろん、この手の由緒書と『平家物語』の「奥書」とは位相を異にするので、同列に論じられないことも、これまたいうまでもない（前掲兵藤裕己『平家物語の歴史と芸能』）。だが、少なくとも、当道流にとって室町殿という権力・権威を必要としたことはおそらく確かであり、義満が源氏長者《げんじのちょうじゃ》を久我《こが》家から奪って、結果的に平家座頭《ざとう》の本所権《ほんじょけん》を握ることになったことも一方にある事実であり、『平家物語』が兵藤の指摘するように、「足利将軍にとって、現在に永続する秩序・体制の起源神話」であったかどうかは、やはりなんともいえないけれども、義満と当道流との間になんらかの交流があったことは認めてもよいのではないか。ただし、あえていっておくと、こうした事実関係と覚一本『平家物語』が進上されたこととは別次元の問題である。

事実か虚構か

というよりも、覚一本『平家物語』進上・借り出し問題を考える際に、一等重要なのは、たとえフィクションであっても、「（定一検校が清書した一部である）清書之本ヲバ、室町殿進上之（清書の本を室町殿に進上しました）」（大覚寺本蔵本奥書）にある室町殿（義満）に進上したとする言説、および、それを受けた「自㆓公方様㆒申出、令㆓書写㆒訖（公方様より申し出があり、書写し終えました）」がいう、公方からいわれて、おそらく正本を借り出し書写したとする言説ではないだろうか。一応、事実関係だけを挙げておくと、公方から借り出したとされる文安三（一四四六）年は、嘉吉三（一四四三）年七月に死去した義勝《よしかつ》から宝徳元（一四四九）年四月に将軍になった義政の端境期に相当し、室町殿の不在の時期に相当する。よって、借り出す対象である室町殿がいないということになる。

いいたいことは、進上されていたから借り出したといった単純な事実問題やその有無ではない。そうではなく、室町殿（公方様）への進上、さらに、そこからの借り出しという形で覚一本『平家物語』が存在した、言説化される「歴史」という物語をここでは問題にしたいのである。そこには、「進上」の物語を支える欲望と期待の束が最も典型的な形で表出していると思われるからである。

『平家物語』は、プロローグでも述べたように、『古今集』『伊勢物語』『源氏物語』のような古典的書物ではない。とはいえ、『平家物語』がまったく古典として享受されていないわけではなかったので、一例を挙げておくと、小川剛生「『高倉院厳島御幸記』をめぐって」（『明月記研究』九、二〇〇四年）には、源通親《みちちか》がものしたとされる『高倉院厳島御幸記』が、『平家物語』から得られた知識で改編されていたことが指摘されている。この例は、『平家物語』が他の作品の改編する根拠となっていることを示しており、一応「古典」（古典的書物）の資格たりえた証となっているが、本書では、「注釈」を持ち、和歌と直結するテクストとなり、鎌倉期の後嵯峨院時代において確立した「古典的公共圏」＝「公」秩序間をジョイントする書物を「古典」と捉えているので、残念ながら『平家物語』は古典には入らないのである。

それならば、なおさらのこと、覚一本『平家物語』を伝える当道流としては、他流派との差異化を図るためにも、実際に権力と富を有する本願寺証如とは異なる方法で、権力・権威と結びつく方法が要請されたことだろう。そうした方法の模索の過程で得られた最上のものが、室町殿が覚一本『平家物語』を所有しているという端的な事実であったに違いない。なぜなら、室町殿と当道流とで覚一本を共有することによって、権威を分有しうるばかりか、覚一本を介して両者間に濃密な一体感情（ある種の君臣和楽的情況）までも共有することが可能になるからである。

そして、共有しているがゆえに、公方様の「申出」による借り出し書写ということになれば、共有による関係性は持続しているだけではなく、なんと公方様の方からこちらに声をかけていただくという栄誉まで付与されるわけであり、これほど当道流にとって都合のよい話は他にあろうはずもない。

こうしてみると、覚一本『平家物語』の進上・借り出しの歴史＝物語とは、書物を介した権力との一体化を密やかにかつ高らかに宣言するものだったということになるだろう。そのことは、事実であっても虚構であっても、この際まったく問題とはならない。そのような歴史＝物語さえあれば、それでよいのである。禁裏本という宝物を「下賜」によって手にした本願寺証如とは逆方向だが、結果的に同様の力を期待した当道流は、中世における書物と権力・権威を結びつける秘密を実のところ熟知していたのではないだろうか。

畠山義総の『山谷詩集』入手方法

ここでは、少しアプローチを変えて、都ならぬ地方の武将と日本の古典ならぬ漢籍の問題を俎上にのぼせてみたい。主人公は、応仁の乱の後、北陸能登《のと》の地において、畠山《はたけやま》文化を開花させた守護畠山義総《よしふさ》（一四九一〜一五四五）、書物は『山谷詩集《さんこくししゅう》』である。目的は、むろん中世における地方武将の古典的書物の享受をみておきたいからである。

古典を好む武将

畠山義総は、若き日々、京都にあり、三条西実隆《さんじようにしさねたか》の源氏講義に列していたという。その後、能登守護職を伯父義元《よしもと》（？〜一五一五）から継承した後も、宗碩《そうせき》・永閑《えいかん》といった連《れん》歌師《がし》を通して、実隆と交流し続け、実隆秘蔵の『源氏物語』のほか、実隆に源氏の注釈書を求め、それによって、大永五〜八（一五二五〜二八）年に実隆が『細流抄《さいりゆうしよう》』を執筆して送る、といった次第であって、当時の地方武将の中でも特段に古典に熱中していた武将であった（米原正義『戦国武士と文芸の研究』桜楓社、一九七六年、伊井春樹『源氏物語注釈史の研究―室町前期―』桜楓社、一九八〇年、井上宗雄『中世歌壇史研究 室町後期 改訂新版』明治書院、一九八七年）。いってみれば、山口の大内《おおうち》氏と並んで古典を都の外部世界に普及させた張本人と断言してもよい人物なのだ。

実隆への要請

享禄二（一五二九）年、義総が何を思ったか、日本の古典ではなく、宋代の大詩人黄庭堅《こうていけん》（字＝山谷《さんこく》、一〇四五～一一〇五）の詩集『山谷集』（『山谷集詩注』）をほしがった（前掲米倉正義「能登畠山氏の文芸」「義総の儒学・漢詩文」前掲『戦国武士と文芸の研究』）。室町期の宋詩では、黄庭堅と蘇軾《そしょく》は一等人気があった詩人であり、両人の詩を注釈した抄物《しょうもの》も作られた。黄庭堅詩は、饅頭屋《まんじゅうや》林宗二《はやしそうじ》（一四九八～一五八一）編『黄氏口義《こうしこうぎ》』、蘇軾詩は、東福《とうふく》寺《じ》の庵主笑雲清三《しょううんせいさん》（生没年不詳）が集大成した『四河入海《しかじっかい》』が著名である。

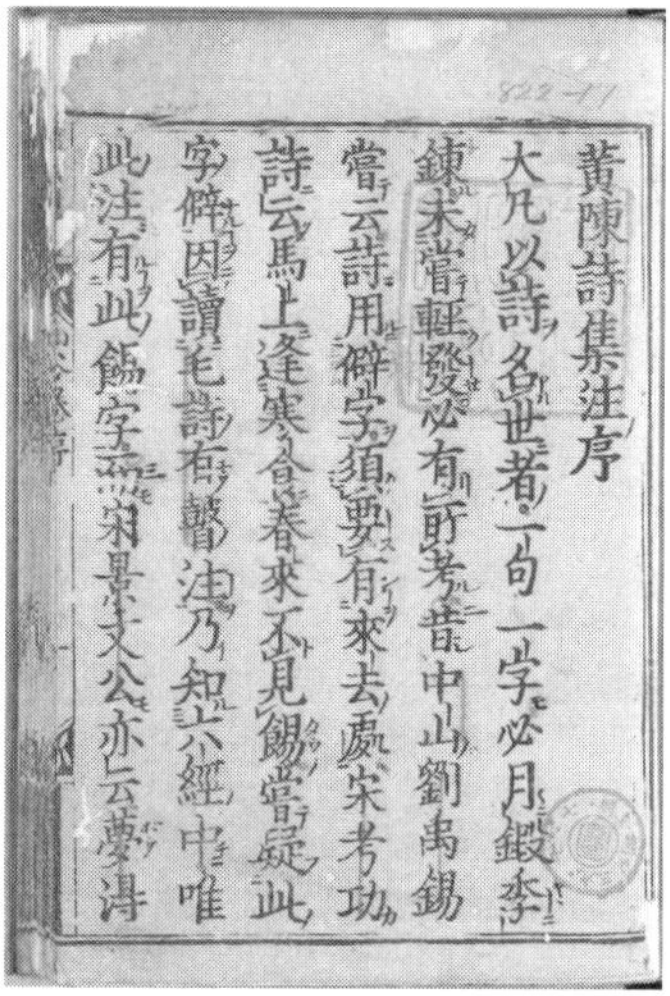
黄陳詩集注序
大凡以詩名世者一句一字必月鍛季
錬未嘗輕發必有所考昔中山劉禹錫
嘗云詩用僻字須要有來去處宋考功
詩云馬上逢寒食春來不見餳嘗疑此
字僻因讀毛詩有瞽注乃知六經中唯
此注有此餳字云宋景文公亦云夢得

図18　『山谷詩集』の版本（国立国会図書館所蔵）

さて、『実隆公記』享禄二（一五二九）年九月、武将歌人であった岩山道堅《いわやまどうけん》（?〜一五三二）が実隆に宛てた書状内に「将《は》た又、能守《（畠山義総）》申され候ふ、月舟《げっしゅう》和尚の所に候ふ山谷かしら書の本、如何様にも仰せられ候ひて、借し下され候はば、忝《かたじけな》きの由候ふ（ところで、能登守〈義総〉が申されました。月舟和尚のところにあります山谷頭書付きの本、どのようにもおっしゃられて、借り出してくだされば、忝く存じます）」（原記録文、以下同じ）とあるように、義総は道堅を媒介者にして、黄山谷詩の抄物『黄句口義（山谷幻雲抄）』の編者でもある五山僧月舟寿桂《じゅけい》（一四七〇〜一五三三）。他にも日中漢詩のアンソロジーとして近世においても読まれた『錦繡段《きんしゅうだん》』の撰者としても著名。『錦繡段』については、堀川貴司『詩のかたち・詩のこころ—中世日本漢文学研究—』若草書房、二〇〇六年）のところにある山谷本を借り出したい旨を述べ、それを受けて、道堅が実隆に願い出たのである。『実隆公記』同年九月二十六日条には、

　如月寿印《じょげつじゅいん》蔵主が来訪し、私は酒を勧めた。能州（能登守護畠山義総）が山谷本をほしがっていることを伝えた。菊枝も持ってきた。すぐに、入江殿（三時知恩寺門主）に進上した。

とある。印蔵主こと如月寿印は、月舟寿桂の法嗣《はっす》であった（その後、還俗《げんぞく》、『中《ちゅう》華《か》若《じゃく》木《ぼく》詩《し》抄《しょう》』の抄者）から、実隆は、寿印を通じて月舟の山谷本を借り出せないかを頼んだのだ

ろう。その後の情勢は、

月舟寿桂は、皆明寺（尭淵《ぎょうえん》、冷泉為孝《れいぜいためたか》の息、僧正、冷泉家歌学者でもある）・道堅らを伴っていた。月舟が山谷本を持ってこられた。能州に貸し出すためである。（十月十四日条）

とあるように、如月寿印を介した月舟所蔵実隆本を借り出す計画はここに成就した。

古典の貸借を五山僧が仲介

月舟寿桂には、実隆→寿印→月舟という依頼構図ができているから、直接、山谷本を義総に送ったりはしない。実隆のもとに預けて、そこから送るのである。道堅が伴っているのは、義総→道堅→実隆という依頼構図を通して実隆に頼んだからであろう。つまり、月舟寿桂には直接依頼しないという暗黙の了解（頼むのは和漢いずれも実隆と決まっていた）があったということだろう（畠山義総と実隆との関係は、末柄豊「畠山義総と三条西実隆・公条父子―紙背文書から探る―」『加能史料研究』二二、二〇一〇年も参照のこと）。翌十五日には、「能州＝義総から背腸《みなわた》廿桶が到来した」とあって、背腸（塩辛）を二〇桶も送ってきている。この件に関する実隆の仲介への労を報いたのだろう。そして、二十三日条をみると、

月舟寿桂の山谷本二十一冊は箱に収められ、道堅の使に渡す。同様に色紙三十六枚も書いて使に渡す。兎毫十管・鹿毛十管（共に筆の名、それぞれ一〇本）を同じく道堅に

送った。明後日、能登に下向するだろうとのこと。とある。ここで注目されるのは、仲介した道堅にも「兎毫十管・鹿毛十管」を送って労《ねぎら》っていることだ。ただし、道堅の下向は「明後日」ではなく延引した。そして、約一年経った享禄三（一五三〇）年十月九日条には、

義総の使である山伏が来訪し、月舟の山谷本を返却した。借り出し代千疋を預かった。それに道堅書状、太守（義総）書状に自分の書状を添えて、月舟寿桂が住む建仁寺《けんにんじ》一華院に持って行くように、山伏に命じた。

とある。玉村竹二『五山禅僧伝記集成』（思文閣出版、二〇〇三年）によると、月舟寿桂は、永正七（一五一〇）年二月、建仁寺に住し、「同寺の妙喜庵《みようきあん》（中巌円月《ちゆうがんえんげつ》の塔所《とうしよ》）に居り、一華軒を創《はじ》めた」とある。ともかく、これで一件落着である。

なお、『山谷詩集注』には宋版を覆刻した五山版もあったが、月舟寿桂は宋版か五山版で持っていたに違いない。おそらく、寛永板本（序・目録・二〇巻で大一一冊）同様の構成をそのまま二一冊としたものだろう。

山谷本の移動に関して、二つの依頼構図のもとに人間が動いていった経過が諒解されたと思うが、逆にいえば、義総としては、実隆を知らないと、未来永劫、『山谷詩集注』をみることもできなかったのである。文化の総覧者あるいは文化的ネットワークの中心に実

隆は位置していたということだ。とはいいながらも、その間に、道堅、五山僧如月寿印、その師月舟寿桂といった媒介者たちが連歌師同様に位置していて、地方と中央の文化交流のアクセスを担っていたことを無視することはできない。中世とは、縁があるかないかで書物の受容レベルまで決まってくる、あっさりといってしまえば、そんな時代だったのである。

『正広自歌合』をめぐる大名間ネットワーク

改稿を重ねた『正広自歌合』

最後に、近世初期において、書物をめぐる大名間のネットワークのありようをみておきたい。そこには室町と地続きの世界が武将＝大名・儒者の間で繰り広げられていることが判明する。いってみれば、元禄年間（一六八八〜一七〇三）まで、江戸時代とはいいながら、室町的気分が色濃く残影していたのである。

正徹《しょうてつ》（一三八一〜一四五九）の弟子であり、畠山義統《よしむね》・義元《よしもと》（義総の養父）父子と和歌を通じた深い交流を持った正広《しょうこう》（一四一二〜九三）という歌人がいる（前掲米原正義『戦国武士と文芸の研究』、稲田利徳『正徹の研究』笠間書院、一九七八年）。正広の歌集群の中に『正広自歌合《しょうこうじかあわせ》』（『正広三百六十番自歌合』とも）という自歌合がある。「自歌合」という歌合は、西行《さいぎょう》の『御裳濯河歌合《みもすそがわうたあわせ》』と『宮河歌合《みやがわうたあわせ》』に始まり、新古今時代にはかなり流行したジャンルとなった（藤原良経《りょうけい》《よしつね》、慈円《じえん》、藤原定家《ていか》《さだいえ》・家隆《いえたか》、後鳥羽院のがある）。鎌倉後期となると、『永福門院自歌合《えいふくもんいんじかあわせ》』くらいしかなく、その後ぱったりと消えたかと思いきや、室町時代に突如復活した。正広のほかには、素純《そじゅん》（？～一五三〇）、十市遠忠《とおちとおただ》（一四九七～一五四五）、道堅などのがある。私は、室町期の自歌合復活を、応仁の乱後の文芸復興の一環であると考えている。

さて、『正広自歌合』は、正広自身が長い期間（文明三〈一四七一〉年～延徳二〈一四九〇〉年）にわたって、何度も改稿をくり返すためか、改稿時点での伝本がそれなりに残され（伝本や本文異同については、拙稿「明星本『正広自歌合』本文と校異一・二」『明星大学研究紀要［人文学部・日本文化学科］』二二・二三号、二〇一四・一五年）、本文事情は複雑な様相を呈している。幸いなことに、勤務先である明星大学人文学部日本文化学科に、正広自筆本（文明八年書写）の一本がある（以後「明星本」と呼ぶ）。この本を今後の問題のとっかかりとして考えていきたいが、まずは、伝来から述べる。明星本『正広自歌合』は、二〇〇〇年に、とある古書肆《しょし》から、写字台文庫《しゃじだいぶんこ》旧蔵『源氏和秘抄《げんじわひしょう》』、伝栄雅《えいが》筆・祐雅《ゆうが》加筆『伊勢物語』と共に明星大学日本文化学部言語文化学科（現人文学部日本文化学科）の博物館学芸員課程用教材として購入されたものである。

次に、書誌を述べると、

外題《げだい》なし
内題　自謌合　三百六十番　春秋　次第不同
表紙　瓢箪文様《ひょうたんもんよう》などを織り出した緞子《どんす》表紙　二四・一センチ×一六・八センチ
料紙　斐楮交漉《ひちょまぜすき》　綴葉装《てつちょうそう》
丁数・行数　墨付八二丁・毎半葉　一〇行

となる。

なお、正広自筆の「自歌合」には他に宮内庁書陵部蔵本（反町弘文荘の印記があるから、そこから購入したものと思われる）がある。これは奥書の日付（文明八年七月日）も一致する。いってみれば、兄弟・姉妹本のような存在だが、こちらは、藤丸唐草文様《ふじまるからくさもんよう》を織り出した緞子表紙、二一・七センチ×一五・五センチとやや小ぶりである。しかも、細かいことは前掲拙稿「明星本『正広自歌合』本文と校異」をご覧になっていただきたいが、同じ年の同じ日付（七月日）で正広自身が写しているにもかかわらず、本文異同がかなりみられるのである。こうしてみると、正広とは、さしずめブルックナーと並ぶ永遠の改訂者であったのか。

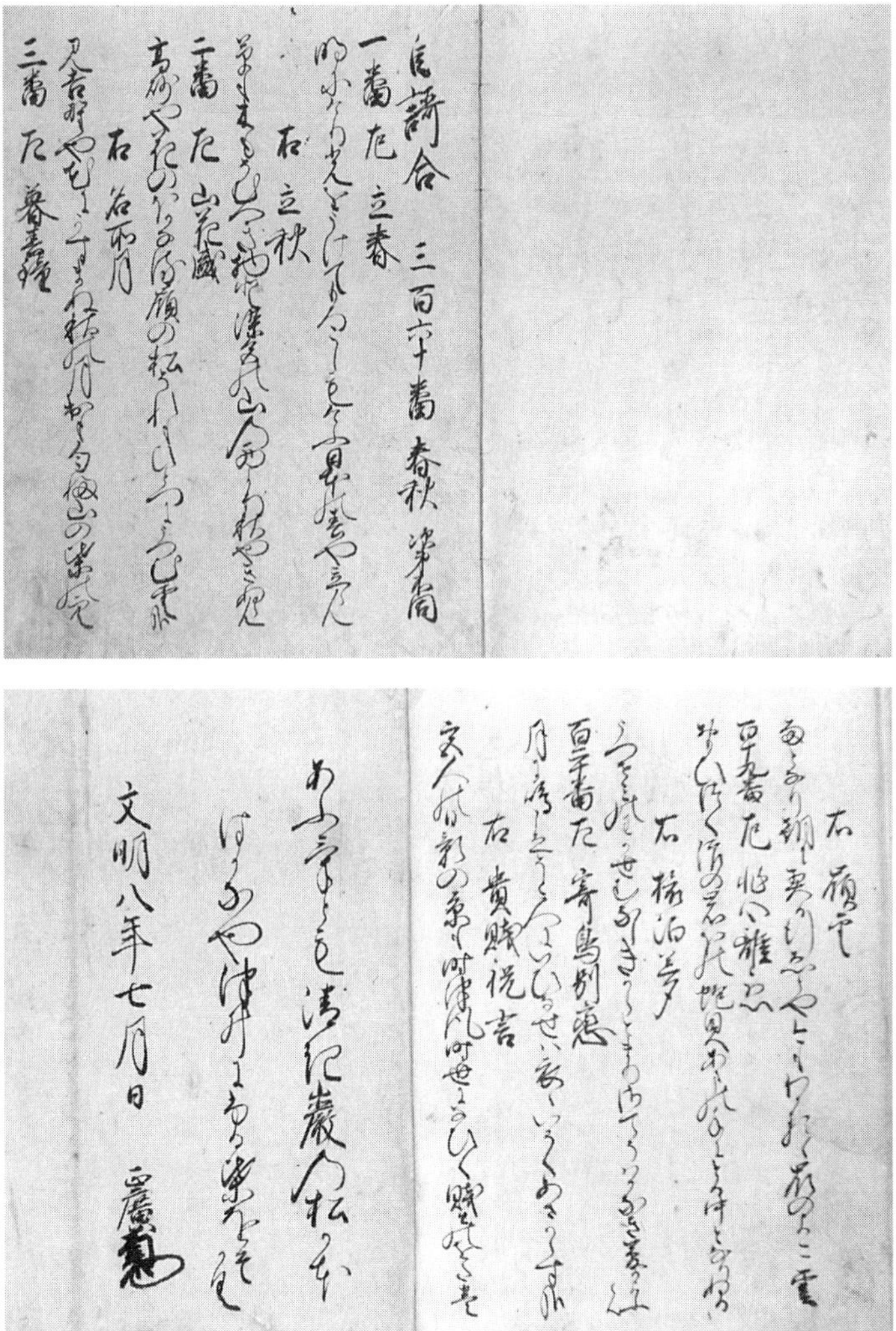

図19　『正広自歌合』巻頭・奥書（明星大学人文学部日本文化学科所蔵）

明星本『正広自歌合』の書写

それでは、ここで、明星本の旧蔵者について述べておくことにする。明星本自体には印記もなく、旧蔵者はわからない。しかし、本文異同によって、明星本が伊達文庫本《だてぶんこ》、島原松平文庫本《しまばらまつだいらぶんこ》に写されていることと（同本であること）は判明している。また、松平文庫本の誤写がそのまま書写されていることから祐徳稲荷《ゆうとくいなり》中川文庫本は、松平文庫本を写したものであることもわかっている。

その中で、はじめに伊達文庫本の奥書を検討したい。同本奥書には、藩主伊達吉村《よしむら》（一六八〇～一七五一）の手による奥書がある。以下、引用してみたい。

右此一帖稲葉侍従正通之所持之本
令忍借連之令書写畢右写本者
日比正広自筆之本なり
　　于時元禄十一年
　　七月十七日　　（伊達吉村）（花押）

（右、この一帖は稲葉侍従正通の所持本である。
こっそりと借りまして、書写が終わりました。右写本は
日比正広自筆の本である）

この奥書から、明星本を元禄十一（一六九八）年段階に所有していたのは、稲葉正通《まさみち》

（正征とも、本書では「正通」で統一する）であったことが諒解されよう。それでは、どうして伊達吉村は、稲葉正通から『正広自歌合』を、こっそりとではあれ、借り出すことが可能だったのだろうか。それは、稲葉正通が伊達吉村の叔父にあたるからであると思われる。

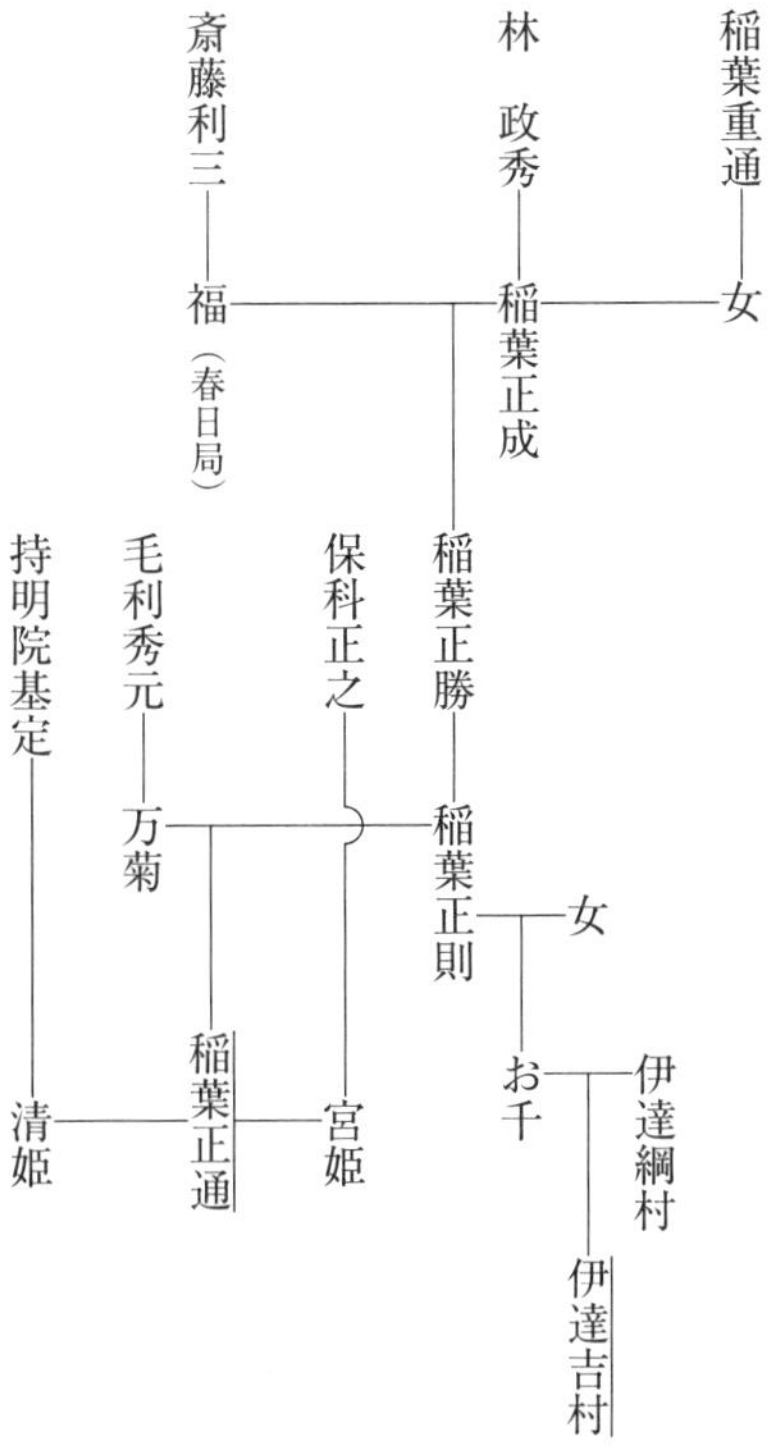

図20　稲葉氏系図（下条清『稲葉正則とその時代―江戸社会の形成―』夢工房、二〇〇二年、同『幕閣譜代藩の政治構造―相模小田原藩と老中政治―』岩田書院、二〇〇六年）

稲葉家について

稲葉正通の父正則《まさのり》（一六二三～九六、侍《じ》従《じゅう》・老中《ろうじゅう》）の娘であるお千（正通の異母姉）と伊達綱村《つなむら》（一六五九～一七一九）の間に生まれたのが吉村である。さらに、いわゆる「伊達騒動」第三幕によって、吉村が藩主になったのは元禄十六（一七〇三）年、父綱村の強制隠居を受けて。隠居を促したのが老中稲葉正通であった。綱村は元禄十年にも強制隠居になりかかっている。

元禄十一年当時、稲葉正通は、越後高田《たかだ》藩領主であった。貞享二（一六八五）年に、老中に向かう昇進ステップの一つとされた京都所司代から突如転封《てんぽう》されてしまう。原因ははっきりしていないが、前年の若年寄《わかどしより》稲葉正休《まさやす》（稲葉正成《まさなり》の別系統の家系、正成―正吉《まさよし》―正休となる）による大老《たいろう》堀田《ほった》正俊《まさとし》刺殺事件がどこかで影響していると思われる（小川和也『儒学殺人事件―堀田正俊と徳川綱吉―』講談社、二〇一四年）。この事件がなかったら、すんなりと老中になっていたのではないか。

その後、正通は皆が行きたがらない高田に一六年もいた。そして、やっとのことで元禄十三（一七〇〇）年大留守居《おおるすい》となり（六一歳）、翌年老中に昇進し、高田から佐倉《さくら》に移封となった。父の跡を継いで簡単にとは老中になれなかったものの、苦節一六年を経て老中に昇ったのは、春日局《かすがのつぼね》の血を引く家柄に加えて、人物・能力もそれなりのものがあったからであろう。享保元（一七一六）年に七七歳で没している（なお、次代正知《まさとも》以降、稲葉家は淀《よど》藩に落ち着き、幕末に老中を一人、後は京都所司代を一人出すだけとなり、老中を出す譜代《ふだい》大名家からはほぼ脱落した）。とまれ、不遇時代の正通が甥吉村に貸し与えた書物が明星本『正広自歌合』であったとみてよいだろう。

次いで、明星本と同本である松平文庫本、松平文庫本と同本である祐徳稲荷中川文庫本との関係も略述しておきたい。

林鵞峰の『国史館日録』より

稲葉正通以上に父正則は、老中として『本朝通鑑《ほんちょうつがん》』の編纂を命じた林鵞峰《はやしがほう》（一六一八～八〇）と交流があった（林鵞峰『国史館日録《こくしかんにちろく》』、以下『日録』と略す）。他方、鵞峰は譜代大名松平忠房《ただふさ》（一六一九～一七〇〇）とも交流を持っていた。鵞峰の住居、国史館はちょっとしたサロンであったのだ。寛文九（一六六九）年に島原に転封になるまでは、忠房は福知山《ふくちやま》藩主であり、参勤交代で江戸住まいになると、上野の東照宮参拝のついでに（どちらがついでかわからないが）、近くの忍岡《しのぶがおか》にある国史館に寄り、鵞峰と清談《せいだん》を楽しんでいた。そこで、書物情報も交わされたはずである。忠房は下屋敷をその後三田《みた》に構えたが、上野から三田まで鵞峰は朝未明から歩いて通ったこともある。

　林鵞峰の国史館に出入りしていた大名を挙げていくと、『本朝通鑑』の朗読を家来であった人見卜幽軒《ひとみぼくゆうけん》（一五九九～一六七〇）に聞かせに行き、その後『大日本史』編纂に役立てた水戸光圀《みとみつくに》（一六二八～一七〇一）、細川幽斎《ゆうさい》と並んで近世大名文庫として最大の規模の文庫（現尊経閣《そんけいかく》）を構築した前田綱紀《つなのり》（一六四三～一七二四）、さらに、幕臣として寛文三（一六六三）年に大政参与《たいせいさんよ》にまで昇りつめながら、他方、『続作者部類《ぞくさくしゃぶるい》』の編纂など文人大名であった榊原忠次《さかきばらただつぐ》（一六〇五～六五）も出入りしていた。忠次は忠房とも交流があり、藤原義孝《よしたか》（九五四〜九七四）の私家集『義孝集』の松平文庫本には、本来なかった義孝の和歌が勅撰集入集歌から増補されている。榊原文庫も同様であるので、忠次が和歌を増補した本を忠房が借りて写したとみて間違いないだろう。二人の間では書物の貸借もあったのである。それは以下の叙述でも確認できる。

『国史館日録』寛文四年十月二十八日条には、「肥前嶋原城主高力隆長《こうりきたかなが》、丹波福知山城主松平主殿頭忠房が書簡を寄せた。この二人とは共に交際して年久しくなっている。高長の蔵する漢籍は数千部、装幀も素晴らしい。他方、忠房は和書を好み姫路拾遺（榊原忠次）との交流はとりわけ深い」と記されている。漢籍の高長、和書の忠房、忠房と親しく交流した忠次、彼らは、鵞峰が記しておきたい大名たちなのであった。その後、改易《かいえき》された高力隆長（一六〇五〜七七）の後に島原に入ったのが忠房であった。縁があったというしかないだろう。

鵞峰を介した交流

とはいえ、『日録』には、忠房と正通が同席した記事は見い出せないし、明星本『正広自歌合』に関しての情報もない（むろん、寛文年間〈一六六一〜七三〉に限定された『日録』の範囲も大きく関係しているし、鵞峰は『本朝通鑑』に関係する古典籍しか原則関心を持たないこともある）けれども、松平文庫本『正広自歌合』が生まれるにあたっては、おそらく鵞峰が正通、あるいは、伊達文庫本や後述する鍋島直條《なべしまなおえだ》の没年などを勘案すれば、父正則と忠房の間をとりもって貸与を実現したのであろう。伊達吉村が借りた元禄十一（一六九八）年（この時点で正則は没している）には、すでに正通のものとなっていたということだ。

さらに、松平文庫本（松平忠房）と祐徳稲荷中川文庫本（鹿島鍋島家）とはやはり縁戚関係があった。図21が指し示すように、忠房と直條（一六五五～一七〇五）とは、正通・吉村同様の叔父・甥関係なのである。また、井上敏幸の研究が明らかにしているように（井上敏幸「西国大名の文事」中野三敏編『日本の近世　第十二巻　文学と美術の成熟』中央公論社、一九九三年、加えて、井上編『鹿島鍋島藩の政治と文化』共同研究報告書、国文学研究資料館、二〇〇八年も参照されたい）、直條は、鷲峰とも交流があったのである。

図21　鍋島家と松平家
（『寛政重修諸家譜』、日置昌一編『日本系図綜覧』、『国史館日録』などより作成）

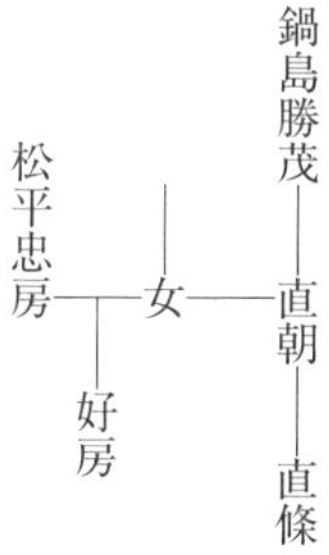

ここから、稲葉正通―伊達吉村、林鷲峰を媒介とする正則・正通―林鷲峰―松平忠房―鍋島直條といった濃密な大名間文化ネットワークがあり、書物の貸借・書写などを通じて、古典的書物が大名間で共有されていた事実が明らかとなっただろう。これが私の言葉を用いれば、古典的公共圏の近世的展開ということになる。

ここで、今日、国文学研究者間でもあまり知られていない、『正広自歌合』が古典の範疇に入るのかといわれたら、このように答えておきたい。島原の肥前松平文庫の目録、仙台の伊達文庫の目録、さらに『群書類従《ぐんしょるいじゅう》』の和歌の目録をみれば、近世文人大名や、近世における古典籍集成たる『群書類従』にとって、室町和歌はかなり重視されていたことが諒解されるのである。上野洋三によれば、近世初期において、規範となったのは、『三玉集』（『柏玉集《はくぎょくしゅう》』『雪玉集《せつぎょくしゅう》』『碧玉集《へきぎょくしゅう》』）と『新続古今集』とのことだが（前掲上野洋三『元禄和歌史の基礎構築』）、これら以外でも室町和歌は、准規範となっていたのである。ちなみに、近世において、類題集が作られたのは頓阿《とんあ》『草庵集《そうあんしゅう》』、正徹『草根集《そうこんしゅう》』、『三玉集』である。南北朝期から室町後期に至る私家集の近傍に『正広自歌合』も入っていた、即ち、准古典くらいの価値を持っていたと思われる。そうでもなければ、ここまで努力して書写したりしないだろう。

以上、『三十六人家集』『平家物語』『山谷詩集注』『正広自歌合』という四つの書物を取り上げて、それらの書物が進上・下賜、購入・売却、貸借・書写といった移動に絡みつつ、そこに介入する力学として権力や権威の問題を議論してきた。たった四点ではあり、中世から近世にかけて、これに類する物語は、他にも多くあるだろうが、虚実の壁を越えて、いかに書物が知的魅力を湛え、かつまた、それを前提にした権威・権力を有していたかが理解いただけたかと思う。

これに付言すれば、近世初期の大名文庫における共通する書物の問題がある。たとえば、元禄年間に文庫を形成した伊達吉村の蔵書にある宗良親王《むねよしむねなが》『詠千首和謌《えいせんしゅわか》』は、肥前島原松平文庫（松平忠房、ただし『篠田森《しのだのもり》』という書名）・内閣文庫・彰考館《しょうこうかん》（水戸徳川家）・丹波《たんば》篠山《ささやま》青山家・盛岡南部家・熊本細川家永青文庫・佐賀鍋島家も所持していた。いうまでもないが、そこには、南朝（宗良親王）や北朝などといった判別基準はない。古来伝わり、今後も伝持し、後世に伝えるべき書物として、近世初期大名に共有されていたからこそ、かかる共有現象が出来したのである。

そろそろ古文の教科書的古典認識とは離れ、死に物狂いで古典的書物を手に入れようとした室町期・江戸期の人たちの気持ちに添うべきではないだろうか。

かわりゆく書物の価値――エピローグ

『薔薇の名前』から

記号論・スコラ哲学研究・小説と何でもござれの知の巨人であり、欧州知識人に共通するサッカーぎらいでもあったウンベルト・エーコ（一九三二～二〇一六）の小説処女作に、映画にもなった『薔薇の名前』（Il nome della rosa、一九八〇年、翻訳一九九〇年）がある。この物語は、まだルターが登場するよりはるか前、ビザンチンやロシアを除いたヨーロッパにおいて、キリスト教はカトリックしかなく、ローマ教皇の権力・権威がまだまだ絶大だった一四世紀、人里離れた北イタリアの修道院で起こった殺人事件の謎と原因を、フランチェスコ会のパスカヴィルのウィリアム修道士（元異端審問官、むろん、シャーロックホームズが含意されている）と弟子の見習修道士であるメルクのアドソ（さしずめワトソンだろう）が解いていくという推理小説である。

だが、単なる推理小説と異なるのは、殺人事件の原因が、散佚《さんいつ》したといわれながら、実は当修道院図書館に秘蔵されていたアリストテレスの『詩学』第二部（写本）だったということだろう。それでは、『詩学』第二部とは何なのか。

むろん、散佚している、もしくは最初から存在しなかった可能性もあるからわからないというしかないのだが、エーコは『詩学』第二部をアリストテレスの喜劇論と仮定して物語を作っていった。逆にいえば、喜劇論でなければ、この物語は成り立たないのである。

さて、アリストテレスとは、いうまでもなく、スコラ哲学で最も重視された大哲学者である。『聖書』とアリストテレス（むろん、そこには、ヨーロッパよりもずっと早くアリストテレスを受容した、アビケンナ〈イブン・スィーナ〉、ガザーリー、加えて、コメンテーター〈注釈者〉と呼ばれてアリストテレスの全著作の注釈を行った〈残念ながら偽アリストテレスの著作も混ざっていたが〉アヴェロエス〈イブン・ルシド〉といったイスラーム哲学者の著作も入ってくるが）がスコラ哲学を支える二つの柱である（竹下政孝・山内志朗編『イスラーム哲学とキリスト教中世　Ⅰ理論哲学』岩波書店、二〇一一年）。神の世界創造とアリストテレスの不動の一者が結合することによって（内実は強引に結合させたのだが）、キリスト教神学と哲学は、神学＞哲学という序列がありながらも、なんとか融合できたのだ。よって、アリストテレスは、否定どころか、最も批判をしにくい存在なのである。

だが、そのアリストテレスがよりによって喜劇を論じているのだ。これは大問題である。これを放置すれば、どうなるか。喜劇は、最初は人間間の笑いの問題だけで済むだろうが、時間の経過と共に、笑いの対象は拡大してくるのは必定である。終にはキリスト教世界の根幹にある「神」をも笑うようになるかもしれない。こうした予想される危ない展開を真剣に危惧したのが修道院長老ブルゴスのホルへ（博覧強記の詩人ホルヘ・ルイス・ボルヘスが含意されている）であった。ホルへはそこで一計を案じ、『詩学』第二部の古写本（孤本）を禁書にして複雑な暗号をかけて秘蔵したうえで、念のために砒素《ひそ》を塗り込み、これを読む人間が砒素で死ぬように仕組んだのである。そうすれば、この本の内容が広まらないで済む。当時、読書という行為は左手の親指を嘗《な》めながら羊皮紙の頁を左側にめくっていくというものだから、なんとか暗号を解いて『詩学』第二部の古写本に至りつき、そして同書を読み進めるほど、左の親指を通して砒素の毒が全身に回るようになる。その結果、翻訳担当修道士、細密画家担当修道士、図書館文書課長補佐の修道士が次々に死んでいき、ついには、ホルへの腹心であった文書課長マラキーアまで死ぬこととなった（それだけ同書の中身が面白かったということでもある）。

書物による殺人

物語の終わり近く、迷宮になっている図書館内でウィリアムに追い詰められた（なお、ウィリアムも別件で異端審問官から追い詰められていたのだが）ホルへは、図書館に火を放ち、

『詩学』第二部の古写本共々自らの身を焼尽させた。死ぬ間際のホルへから毒を塗った理由を聞いたウィリアムは、持てるだけの図書館所蔵本を抱えて、燃え盛る図書館から命からがら抜け出し、その後、弟子のアドソとも別れ、どこかに旅立っていった。

灰燼《かいじん》に帰したとはいえ、この架空の修道院の図書館はヨーロッパ一の蔵書数を誇っていたという。その事実はこの修道院の権威をしっかりと支えていたに違いない。それが露と消え、ウィリアムが持ち出し書物はほんの一部に過ぎないし、『詩学』第二部は永遠の佚書ともなった。しかし、権威そのものであったアリストテレスの書物を禁書にし、なおかつ、砒素を仕込むといった舞台設定は、中世スコラ哲学に通暁《つうぎょう》していた現代人エーコにとっては、それほど突飛なものでなかったと思われる。というのも、書物と権力・権威の関係を誰よりもよく知っていたのがエーコだからである。こんな台詞《せりふ》がある。

たくさんの『聖書』と、『聖書』注解とが、置かれていました。聖なる書物ばかりありました（河島英昭訳、東京創元社）。

かの図書館には、実のところ、異端系の書物もそれなりに蔵されていて、キリスト教がらみの「聖なる書物ばかり」だけではなかったのだが、最大権威アリストテレスの『詩学』第二部の古写本も含めて、やはり、「聖なる書物」であるからこそ、読ませたくないという欲望も生まれるのである。ここにキリスト教とアリストテレスの根源的対立をエーコがみたいのかもしれないが、一冊の古典的書物が殺人まで引き起こし、下手をするとキリスト教世界の根幹を崩壊させしまいかねない点に、書物と権力の本質的問題を示しているのではないか。

コレクションと権力

幸か不幸か、日本においては、古今伝授《こきんでんじゅ》の知によって、生命が救われた例（関ヶ原合戦において、古今伝授の伝統が消えるのは辛いと歎いた後陽成《ごようぜい》天皇の命令で、西軍に包囲されていた田辺城の細川幽斎《ゆうさい》は解放された）はあるけれども、書物が殺人を犯したことはない。ただし、本書でも触れたように、連歌師《れんがし》里村紹巴《さとむらじょうは》は、浅井・朝倉軍が町を焼いている最中にも『源語秘訣《げんごひけつ》』を書写していたし、かの幽斎など、信長追悼連歌会のために上京した折、ちゃっかり三条西家《さんじょうにし》に出入りし、『源語秘訣』の書写を済ませ、その一〇年後にも再訪し、今度は、『河海鈔《かかいしょう》』『花鳥余情《かちょうよせい》《よじょう》』を借り出して、『河海鈔』は女房総動員、『花鳥余情』は本人の手で書写し終えている。

今日、べらぼうな価格で取引される古典籍、古美術、茶道具などの骨董品、さらに世界の名画は、学術的、美術史的、芸術的価値はあるだろうが、権力とは無関係である。かつて、蔵書家として知られた小汀利得《おばまとしえ》（一八八九～一九七二）を蒐集《しゅうしゅう》に駆り立てたのは、おそらくジャーナリストにして新聞社経営の先達《せんだつ》である徳富蘇峰《とくとみそほう》（一八六三～一九五七）の一〇万点に及ぶ蔵書（成簣堂文庫《せいきどうぶんこ》、現石川武美記念図書館成簣堂文庫蔵）に対する対抗心があったのではなかろうか（『東西書肆街考』〈岩波新書〉の脇村義太郎《わきむらよしたろう》〈一九〇〇～九七〉の場合は、古典籍蒐集でも知られたケインズに対抗したのだろうか）。文庫となり永久保存された蘇峰蔵書と異なり、小汀蔵書は小汀の死後散佚し、世に「をばま」本として蔵書家に珍重されているが、蘇峰であれ、小汀であれ、蔵書への意欲は、日本や中国の古典文化に対する敬愛はあったろうが、やはり権力・権威とは結びつかないものである。要するに、両人は蔵書家ということで少しは尊敬されたかもしれないが、通常はお金持ちの物好き、あるいはコレクターという評価に落ち着くだろう。ゴッホの『医師ガシェの肖像』を一二五億円で買い、死んだら棺桶に入れてもらうと嘯《うそぶ》いた大昭和製紙会長（当時）斉藤了英《さいとうりようえい》（一九一六～九六）とて似たようなものである（斉藤の死後、ルノワール『ムーラン・ド・ラ・ギャレットの舞踏会』〈一一九億円〉とともにサザビーズを通して売却された）。

古典的書物の価値

他方、半ば商売道具として書物を書写し、売却し、貸与し、時には進上していた三条西実隆《さねたか》は、たしかに古典と財の融合を成し遂げたが、近代の愛書家・蔵書家とは、決定的に異なるものがあった。実隆、および実隆の参謀役といってよい宗祇《そうぎ》・玄清《げんせい》などの連歌師は、書物が権力・権威と不可分であり、自己の正統性の証となっていることを、古典籍書写運動を唱え実践した後土御門《ごつちみかど》天皇（一四四二～一五〇〇）同様にわかっていたことである。書物と財が融合しても、書物が単なる財になることは一瞬たりとてなかった。玄清を媒介として『源氏物語』を売却したのは、むろん、実隆の家計が苦しいからである。だが、これを買う方も『源氏物語』を持っていることの意味はしかとわかっているのだ。財であって財を超えるもの、これが権力・権威と一体化した古典的書物というものの宿命である。

近世に至り、元禄年間（一六八八～一七〇三）までに古典的書物の出版がピークを迎える。少部数の豪華本だが、古活字版も刊行される。こうした出版の意味するところは、まだまだ解明がなされていないが、はっきりしていることは、まず、誰かの伝手《つて》もいらず、お金を払えば書物が手に入れられるようになったこと、次に、高い写本は買えないが、版本ならなんとか『源氏物語』でも「二十一代集」でも揃えることが可能になったことであろう。その後、後刷りを除いて、古典的書物の出版は終息を迎え、一八世紀末の国学の隆盛で古典研究は復活するものの、元禄までの刊本の古典的書物を買った層は、おそらく書物を持つことの意味、すなわち、権威・権力を帯び、自己のグレードをアップさせることがわかっていたに違いない。

それも失われ、芸術という美名のもとに財に特化したのが近代という時代ではないだろうか。

とすれば、前近代という時代を考える際、古典という書物が持つ意味はやはり決定的に重いのではあるまいか。

我々は、古典的書物が持っていた隠微《いんび》にしてかつ避けて通れないのに、近代では失われてしまった意味合いを今こそ改めて確認しなければならない。そうでないと、古典的世界には永遠に近づけないからに他ならない。

あとがき

「書物と権力」というタイトルを見て、曰く不可解、曰くけったい、英語で言えば曰く、unblievable と感じる向きが大半だろう。書物という文化そのものと権力という政治そのものが「と」で安易に結びつけられるはずはない、まあ、そんなところであろう。

だが、世界中のお宝といわれる古典籍・美術品・工芸品・骨董品は、多くは宗教を含めた権力者（国王・貴族・武将・教会・寺院）が所持していたことも一方の事実である。近代に入ってから、所持者の中にブルジョア（財産と教養のある市民）が加わり、所蔵場所もかなりの量が公立の図書館・美術館・博物館に移っていったが、日本に限定しても軽く一〇〇〇年は続いた前近代では権力者の所持であった。黒田智氏が翻刻された『豊臣御数寄屋記録』（『金沢大学人間社会学域学校教育学類紀要』八、二〇一六年）を覗いてみると、お宝（主として絵画）が鎌倉時代の武将・執権・将軍→室町将軍→秀吉と権力者間を渡り歩いてきたことがわかる（その後は家康に渡ったか）。古典的書物の移動経路も似たようなものに違いない。

何のことはない。書物も美術品と同様に、権力とは実に深い関係にあったのである。ここでいう権力とは、むろん、むき出しの暴力ではなく、権力者および彼・彼女を囲繞《いにょう》する回廊にいる人たち（権力集団）は、詩歌を楽しみ、古典を愛で、価値あるさまざまなものたち（古典籍・書・絵画など）と共に生きるという存在としての文化性があってはじめて正統性を有することができると考えられていたからであった。その時、書物は、権力を荘厳する権威的装置と化するのである。

こうした書物と権力との強固かつ隠微な関係に気づいたのは、浄土真宗の本願寺に朝廷から送られた『三十六人家集』（『三十六人集』とも）を追っているときであった。『三十六人家集』ついては、本文をみていただきたいが、三十六歌仙の家集を藤原公任《きんとう》がまとめたもので、現在は国宝である。その後もこのテーマはそれなりに追っていたが、それで本を書くなどといったことはまったく考えていなかった。いずれ、古典的公共圏がらみの論文集に一章でも立ててそこに組み込めばよいくらいにぼんやりと夢想していたのである。

昨年の春、そんな私の背中を押して下さったのが吉川弘文館編集部であった。本書は『三十六人家集』について考えていたことに加えて、これまで発表してきたいくつかの論文をもとに書き下ろしたものである。「書物と権力論序説――「下賜」・「進上／献上」の文化＝政治学―」（『国文学研究』一四八、二〇〇六年）、「秘伝書の情報学―『源語秘訣』の書写・伝来を通して―」（『日本文学』五七―一、二〇〇八年）、「文芸知のもつ力」（井原今朝男編『富裕と貧困』竹林舎、二〇一三年）、「明星本『正広自歌合』の本文と校異」1・2（『明星大学研究紀要　人文学部・日本文化学科』二二・二三、二〇一四・一五年）などが関連論考である。そうした中で、小川剛生・森正人・長坂成行の三氏は、「秘伝書の情報学―『源語秘訣』の書写・伝来を通して―」の誤読・誤認を訂正して下さった。ここに学恩に感謝申し上げる次第である。

最後に、吉川弘文館編集部の岡庭由佳さん・大熊啓太さんには本書をまとめるに際して本当にお世話になった。心からお礼申し上げます。

そして、本書が、「読書のたのしみ」とは異なる次元を描き出しているかどうか、読者諸子の忌憚なきご意見を賜れば幸いである。

平成三十年五月

前田雅之

著者紹介

一九五四年、山口県に生まれる
一九七八年、早稲田大学教育学部卒業
一九八七年、早稲田大学大学院文学研究科博士課程単位取得満期退学
現在、明星大学人文学部日本文化学科教授、博士（文学）

主要著書
『古典的思考』（笠間書院、二〇一一年）
『保田與重郎―近代・古典・日本―』（勉誠出版、二〇一七年）
『なぜ古典を勉強するのか―近代を古典で読み解くために―』（文学通信、二〇一八年）

歴史文化ライブラリー
473

書物と権力
中世文化の政治学

二〇一八年（平成三十）九月一日　第一刷発行

著　者　前《まえ》田《だ》雅《まさ》之《ゆき》

発行者　吉川道郎

発行所　株式会社 吉川弘文館
東京都文京区本郷七丁目二番八号
郵便番号一一三―〇〇三三
電話〇三―三八一三―九一五一〈代表〉
振替口座〇〇一〇〇―五―二四四
http://www.yoshikawa-k.co.jp/

印刷＝株式会社 平文社
製本＝ナショナル製本協同組合
装幀＝清水良洋・陳湘婷

ISBN978-4-642-05873-5

歴史文化ライブラリー

1996.10

刊行のことば

現今の日本および国際社会は、さまざまな面で大変動の時代を迎えておりますが、近づきつつある二十一世紀は人類史の到達点として、物質的な繁栄のみならず文化や自然・社会環境を謳歌できる平和な社会でなければなりません。しかしながら高度成長・技術革新にともなう急激な変貌は「自己本位な刹那主義」の風潮を生みだし、先人が築いてきた歴史や文化に学ぶ余裕もなく、いまだ明るい人類の将来が展望できていないようにも見えます。このような状況を踏まえ、よりよい二十一世紀社会を築くために、人類誕生から現在に至る「人類の遺産・教訓」としてのあらゆる分野の歴史と文化を「歴史文化ライブラリー」として刊行することといたしました。

小社は、安政四年(一八五七)の創業以来、一貫して歴史学を中心とした専門出版社として書籍を刊行しつづけてまいりました。その経験を生かし、学問成果にもとづいた本叢書を刊行し社会的要請に応えて行きたいと考えております。

現代は、マスメディアが発達した高度情報化社会といわれますが、私どもはあくまでも活字を主体とした出版こそ、ものの本質を考える基礎と信じ、本叢書をとおして社会に訴えてまいりたいと思います。これから生まれでる一冊一冊が、それぞれの読者を知的冒険の旅へと誘い、希望に満ちた人類の未来を構築する糧となれば幸いです。

吉川弘文館